Liebe Leserinnen, liebe Leser!

»Wer nicht sein Herz stärker klopfen fühlt, wenn er auf dem Markusplatz steht, der lasse sich begraben, denn er ist tot, unwiederbringlich tot.«

Franz Grillparzer

»Wahrer Luxus ist es, in Venedig zu sein und sich nichts ansehen zu müssen«, schreibt Robert Fischer, der für diesen Band verantwortliche Redakteur, auf S. 4. Ich kann ihm nur beipflichten. Wer Markusplatz, Dogenpalast, Guggenheim-Museum und zumindest einige der 40 weiteren Museen und rund 100 Kirchen schon kennt, kann sich auf das wahre Venedig konzentrieren.

Das andere Venedig

Diesem Venedig ist unser zweites Kapitel gewidmet, »Das Venedig des Alltags«. Am besten nimmt man sich gar keine bestimmte Route vor, sondern lässt sich einfach durch Gassen und über Brücken treiben. Die Stadt erweist sich als wahres Labyrinth, ist aber doch so klein, dass man sich wirklich nicht verlaufen kann. Bald sind die Touristenströme auf dem Markusplatz vergessen – hätten Sie gedacht, dass über 90% der jährlich (geschätzt) knapp 30 Mio. Besucher sich nur den Markusplatz anschauen und nur wenige Stunden in Venedig verweilen? Am besten suchen Sie sich irgendwo ein Straßencafé, trinken einen Cappuccino und schauen dem Alltagstreiben um sich herum zu, dann sind Sie wirklich angekommen in der Lagunenstadt.

Bergtouren und Gipfelfreuden

Dass Venedig ein reizvollen Hinterland hat, beweisen die letzten drei Kapitel dieses Bandes. Natürlich lohnen Verona, Vicenza oder Padua den Besuch. Ganz andere Eindrücke verspricht die Fahrt in die Dolomiten – die meist nur mit Südtirol in Verbindung gebracht werden. Dabei stehen die eindrucksvollsten Felstürme im Bellunese. Immerhin ragen dort 18 Gipfel mehr als 3000 m in die Höhe! Wenn Sie Lust haben, per pedes auf Entdeckungstour zu gehen, kann ich Ihnen als Ausgangspunkt nur die Cinque Torri Hütte empfehlen. Ganz bequem können Sie mit dem Autro bis auf 2137 m fahren und von dort zu Tageswanderungen oder Klettertouren starten (s. S. 115).

Herzlich

Ihre

Birgit Borowski

Birgit Borowski
Programmleiterin DuMont Bildatlas

Sabine Lubenow, schon mehrfach für den Bildatlas unterwegs, kam angesichts der reizvollen Motive ganz begeistert aus Venedig zurück.

Von Hamburg nach Venedig startet unsere Autorin **Hilke Maunder** zu Recherchezwecken mindestens drei- bis viermal pro Jahr.

Barbara Schaefer hat schon etliche Reiseführer über Norditalien verfasst, von ihr stammen die Kapitel über Venedigs Hinterland.

38 Poesie des Alltags. In Venedig liegen Alltag und Mythos oft nicht weit voneinander entfernt. Manchmal sind es sogar nur ein paar Schritte …

48 Ökologie im Zeichen der Lagune. Venedigs Lagune ist bedroht – bei Niedrigwasser, bei Hochwasser und durch ein Projekt, das die Lagune eigentlich schützen soll.

Impressionen

Das Venedig der Mythen

Das Venedig des Alltags

32 Karneval in Venedig – die venezianische Spielart des Maskentreibens hat ihre eigene Faszination.

Die Inseln der Lagune

UNSERE FAVORITEN

BEST OF …

100 Das Rückgrat Venetiens. Nur eine kurze Autofahrt von Venedig entfernt wartet das Gipfelglück in den Dolomiten, türmen sich über dichten Wäldern erst Kalkriffe und schließliche kahle Bergriesen auf.

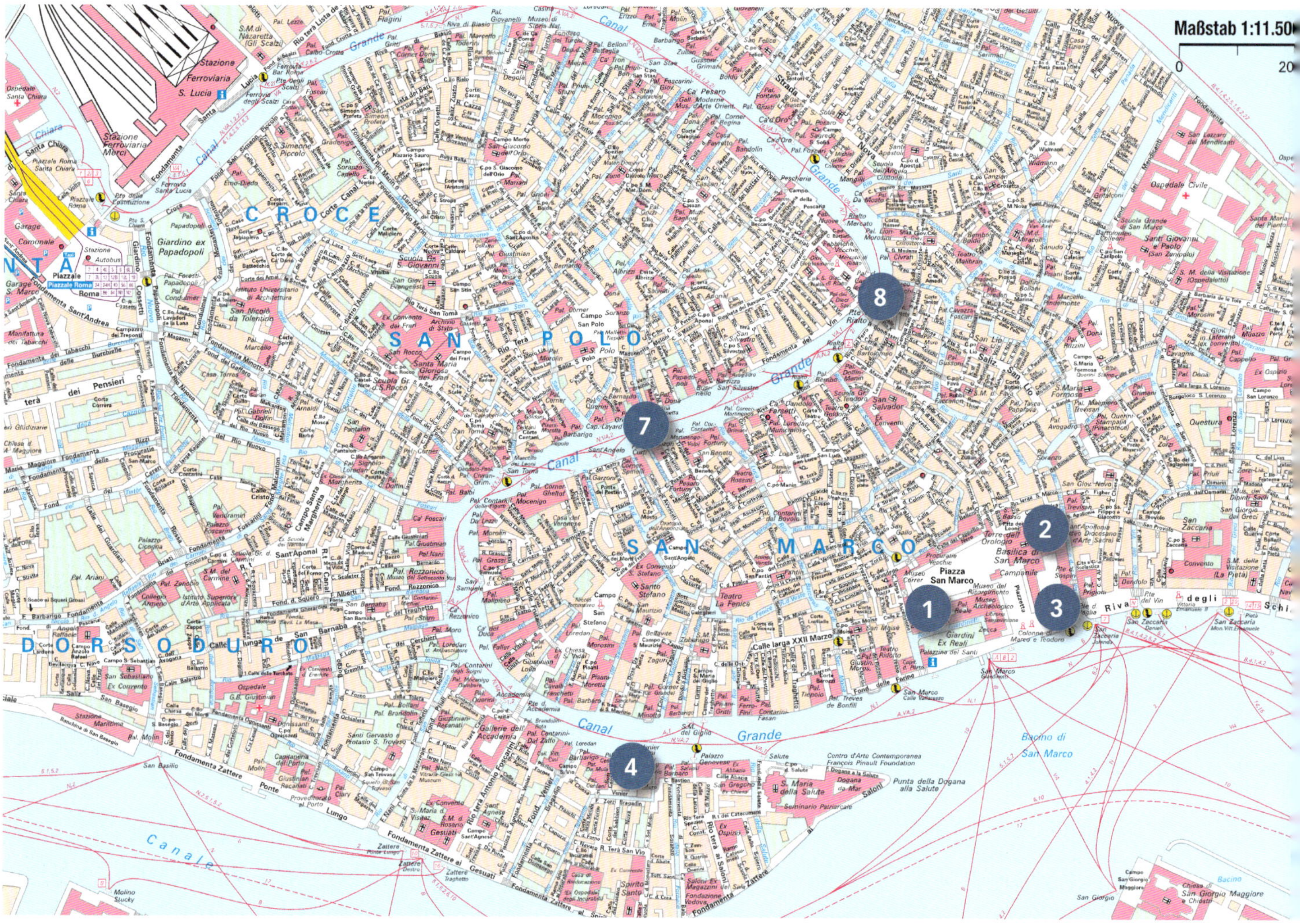
Maßstab 1:11.50
0
20
CROCE
SAN POLO
SAN MARCO
DORSODURO
Stazione Ferroviaria S. Lucia
Piazzale Roma
Piazza San Marco
Basilica di San Marco
Canal Grande
Bacino di San Marco
1
2
3
4
7
8

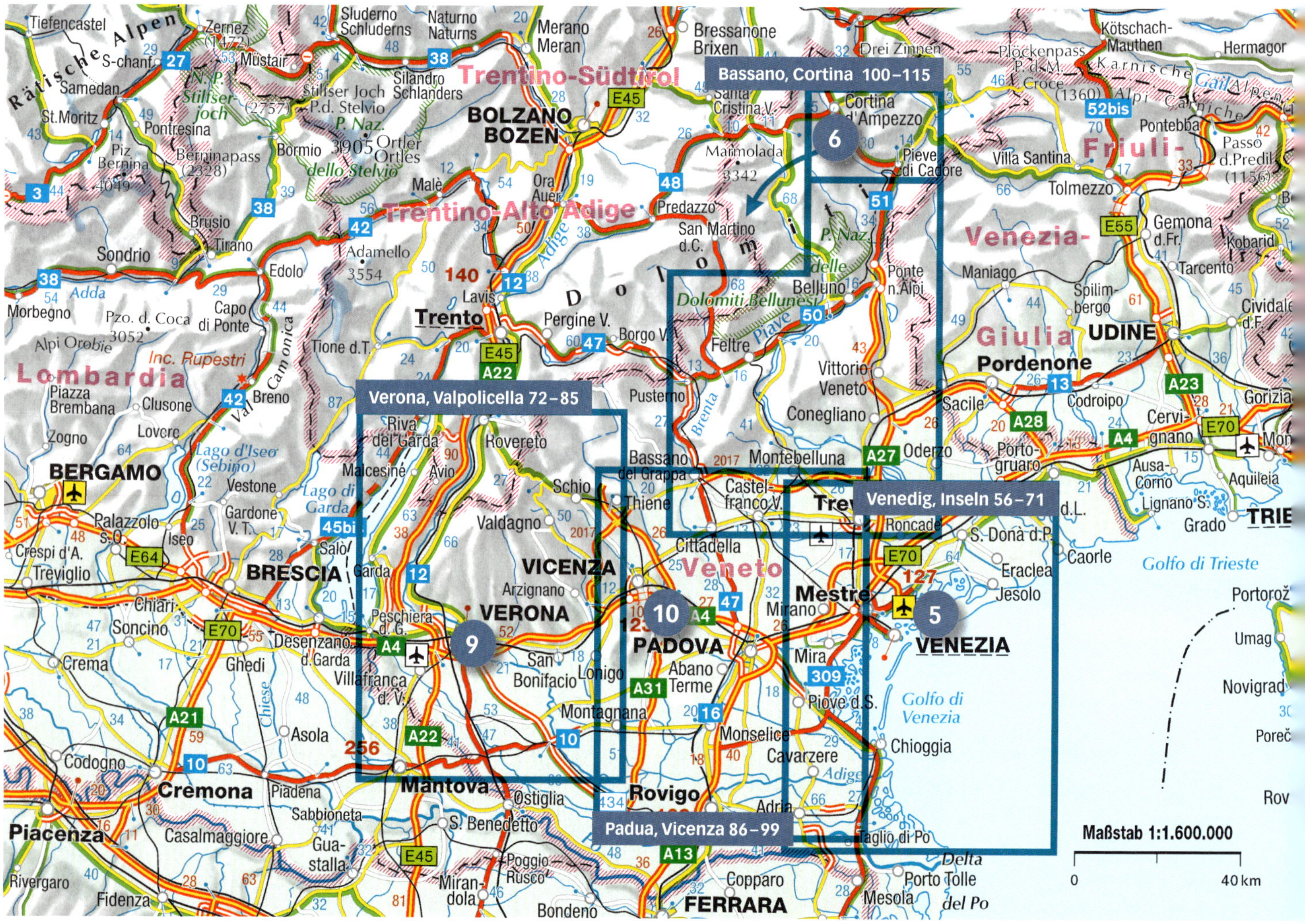
Bassano, Cortina 100–115
Verona, Valpolicella 72–85
Venedig, Inseln 56–71
Padua, Vicenza 86–99
1
5
6
9
10
Trentino-Südtirol
Trentino-Alto Adige
Lombardia
Veneto
Venezia-
Giulia
Friuli-
Dolomiti
Bolzano
Bozen
Trento
Bergamo
Brescia
Verona
Vicenza
Padova
Venezia
Mestre
Udine
Pordenone
Cremona
Mantova
Rovigo
Ferrara
Piacenza
Belluno
Feltre
Cortina d'Ampezzo
Chioggia
Golfo di Venezia
Golfo di Trieste
Maßstab 1:1.600.000
0
40 km

Topziele

Die bedeutendsten Sehenswürdigkeiten der Stadt und Venetiens sowie Erlebnisse, die Sie keinesfalls versäumen dürfen, haben wir auf dieser Seite für Sie zusammengestellt. Auf den Infoseiten ist das jeweilige Highlight als **TOPZIEL** *gekennzeichnet.*

KULTUR

1 **Piazza San Marco:** Der „schönste Saal Europas" war jahrhundertelang das Zentrum der Republik. **Seite 35**

2 **Basilica di San Marco:** Der Markusdom wurde im Jahr 832 geweiht, aber erst 1094 für die Gebeine des Apostels Markus vollendet. **Seite 35**

3 **Palazzo Ducale:** Das Zentrum der Macht war der als Holzfestung errichtete, zum gotischen Palast umgebaute Dogenpalast. **Seite 35**

4 **Collezione Peggy Guggenheim:** Ein Mekka für moderne Kunst ist der Palazzo Venier dei Leoni mit seiner grandiosen Sammlung von Peggy Guggenheim. **Seite 54**

5 **Murano:** Die Heimat der Glasbläser gleicht einer Miniaturausgabe von Venedig: Murano liegt auf fünf Inseln, die ein großer Kanal und mehrere kleinere trennen. **Seite 69**

2

7

6

NATUR

6 **Dolomiten:** Cortina d'Ampezzo gilt als „Perle der Dolomiten", aber die „Bleichen Berge" haben noch mehr zu bieten. **Seite 114**

ERLEBEN

7 **Canal Grande:** Mit dem Boot durch Venedig – am Bacino di San Marco beginnt eine Schaustrecke venezianischer Baukunst, die sich am besten an Bord eines Vaporetto oder einer Gondel erleben lässt. **Seite 35**

8

8 **Rialtobrücke:** Sehen und erleben – die älteste und berühmteste der drei den Canal Grande überspannenden Brücken ist die Rialtobrücke. **Seite 36**

9 **Arena di Verona:** Und nur der Mond schaut zu? Ein Opernabend in der Arena di Verona ist ein musikerfüllter Sommernachtstraum unter dem Sternenhimmel. **Seite 83**

10 **Riviera del Brenta:** Auf dem Wasser ins Hinterland: Bei Ausflügen entlang der Riviera del Brenta passiert man Villen, fährt durch die Stadt Padua oder bis nach Venedig. **Seite 98**

Venedigs Labyrinth

Zweifelsohne, der Canale Grande, jene vier Kilometer lange Hauptverkehrsader Venedigs, lockt mit prächtigen farbenfrohen Palazzi. Nicht weniger verlockend ist es jedoch, sich im Labyrinth der kleinen Kanäle zu verlieren und abseits der Touristenströme verwunschene Plätze zu entdecken, die ihren ureigenen Zauber entfalten. Ganz so wie einst Hermann Hesse meinte: „Die leuchtend frischen, jubelnden Farben würden Venedig seines eigensten Schmucks berauben: das Verschleierte, Traumhafte, verborgen Schillernde der Farben.“

Musée Fortuny
Fortuny Museum
Museo Fortuny

Scotti

Treviso: Was Leib und Seele zusammenhält, ...

... darf in Italien gern auch mal etwas herzhafter sein. Denn von Luft und Liebe lebt der Mensch ja nicht allein. Und wer, wenn er nicht gerade Vegetarier ist, wollte schon einem so verführerischen „Anschnitt“ widerstehen? Hier im Feinkostgeschäft Danesin in Treviso wäre das jedenfalls glatt eine Sünde.

Arien vor antiker Kulisse

415 Kilometer lang ist der Weg der Etsch von ihrem Quellgebiet in den Ötztaler Alpen bis zur Adria. Mittendrin liegt Verona, die Stadt der Montagues und Capulets wie der berühmten römischen Arena. Einst aufgrund ihrer strategisch wichtigen Lage stark befestigt und immer wieder heftig umkämpft, regieren heute Genuss und Kultur: Wie wär's zum Beispiel mit einem Teller Pasta in den Gassen der Altstadt, gefolgt von Verdis Arien vor antiker Kulisse?

Borsalino

CENERENTE
FORSELLINA
PECOLARA
ORVINA 446
CORVINA 448

Valpolicella: Nomen est omen

Schon die Römer schätzten das Tal in den südlichen Ausläufern der Lessinischen Alpen als Weinanbaugebiet und nannten es „Tal der vielen Keller“. Bis heute entstehen in den zahlreichen Weingütern des Valpolicella überwiegend leichte, etwas nussig schmeckende rote Sommerweine für jeden Anlass. Aber auch einige komplexere Tropfen warten bei einer önologischen Erkundungstour auf ihre Entdeckung. Wohl bekommt´s!

Arquà Petrarca: Auch wir in Arkadien!

Südlich von Padua überziehen Kastanien, Eichen, Ulmen und Erdbeerbäume, Lorbeersträucher und Ginster die sanften, vulkanförmigen Euganeischen Hügel mit einem grünen Mantel: Besonders idyllisch inmitten von Olivenhainen, Weinbergen und Obstgärten liegt Arquà Petrarca, wo die Poesie eine Casa hat, die Casa del Poeta nämlich, in der Petrarca unsterbliche Verse fand.

Piazza San Marco: magisches Finale

Nachts auf dem Markusplatz zu stehen, ist ein ganz besonderes Erlebnis: Die Markusbasilika wirkt wie eine verschlossene Schatztruhe, der Dogenpalast kündet von vergangener Macht, und fast möchte man vor Ehrfurcht erstarren, wären da nicht die lieblichen Klänge, die von den Musikern vor den Cafés herüberwehen. Klavier, Geige und Kontrabass geben ihr Bestes, und auf einmal brandet Beifall auf: Da hat wohl ein Pärchen ein Tänzchen gewagt. So ein Tanz auf dem Markusplatz gibt dem Leben eine gewisse Leichtigkeit zurück, und erst jetzt scheint die Magie dieses Ortes wirklich vollkommen zu sein.

Die ausgefallensten Souvenirs

Mode, Masken und mehr

Nicht zuletzt Venetiens Kunsthandwerker haben das Ihre dazu beigetragen, dass italienisches Design Weltruhm genießt. Bis heute stellen sie Masken und Schuhe, Gondelaccessoires und Glasartefakte nach jahrhundertealten Methoden her. Wer also nicht nur ein austauschbares T-Shirt mit nach Hause nehmen möchte, findet bei folgenden Adressen Ausgefalleneres.

1 Masken

Kunstvolle Masken gehören zum Karneval und zur Commedia dell'Arte einfach dazu. Aus der Vielzahl der Anbieter – Achtung vor billigen Imitaten aus Taiwan! – ragen drei Produzenten hervor, aus deren Werkstätten unglaublich kreative und raffinierte Schmuckstücke stammen:

Tragicomica
Calle dei Nomboli, San Polo 2800, Tel. 041 72 11 02, www.tragicomica.it

Mistero Buffo, Fondamenta San Basilio, Dorsoduro 1645, Tel. 329 9 61 90 80, www.misterobuffomask.com

Atelier Marega
Fondamenta dell'Osmarin, Castello 4968, Tel. 041 52 23 03, http://marega.it

2 Gondel-Kunst

Seine Ruderriemen und Riemengabeln sind so kunstvoll aus Buche, Walnuss, Birne und Ramin gedrechselt, dass das New York Metropolitan Museum of Modern Art sie als Kunstwerke erwarb. Preiswerter und handlicher als die Unikate, die Franco Furlanetto für die Gondelbauer fertigt, sind seine Gondelminiaturen. Besonders schön: ein Ferro mit blitzendem Bugeisen und sechs Zacken für Venedigs Sestiere.

Remi e Forcole, San Polo 2768/B, Tel. 041 5 20 95 44, www.ffurlanetto.com

3 Leuchtende Moretti

Im 18. Jahrhundert wachten sie in den Vestibülen Venedigs: Moretti, lebensgroße Statuen von „Mohren". Heute verzieren Gianni und Alberto Cavalier sie mit Blattgold und setzen ihnen Kugelleuchten auf. Handlicher sind die Spiegel, Bilderrahmen, Masken und Engel aus der Werkstatt der Vergolder.

Dorador Cavalier,
San Marco 2863a,
Tel. 041 5 23 86 21,
www.cavaliervenice.com

4 Handgenähte Schuhe

Erst bei John Lobb in London, dann in Paris bei Hermès: Gabriele Gmeiner hat ihr Handwerk als Schuhmacherin bei den besten ihres Metiers gelernt. Heute fertigt sie in ihrer kleinen Werkstatt nahe der Rialto-Brücke aus Hirsch- und Rindsleder rahmengenähte Schuhe nach Maß und verziert sie auf Wunsch fantasievoll. Was darf's denn sein: Silberschnalle? Pelzbesatz? Oder eine Stickerei?

Scarpe su Misura, Campiello del Sol, San Polo 951, Tel. 338 8 96 21 89, www.gabrielegmeiner.com

5 Marmorpapier

Die Türken brachten die Kunst des Marmorierens nach Venedig. Alberto Valese-Ebrû verhalf in den 1980er-Jahren der fast vergessenen Handwerkskunst zur Renaissance. Jedes Papier in seinem Laden ist bis heute ein Unikat – gespritzt, gesprüht oder getupft, was echtem Marmor am Ähnlichsten sieht. Die wellenartigen Muster im Papier entstehen, wenn man einen Kamm durch die Farbschicht führt – wie dies gelingt, verrät der Meister in Kursen.

Campo Santo Stefano,
San Marco 3471,
Tel. 041 5 23 88 30,
http://albertovalese.wixsite.com/valese

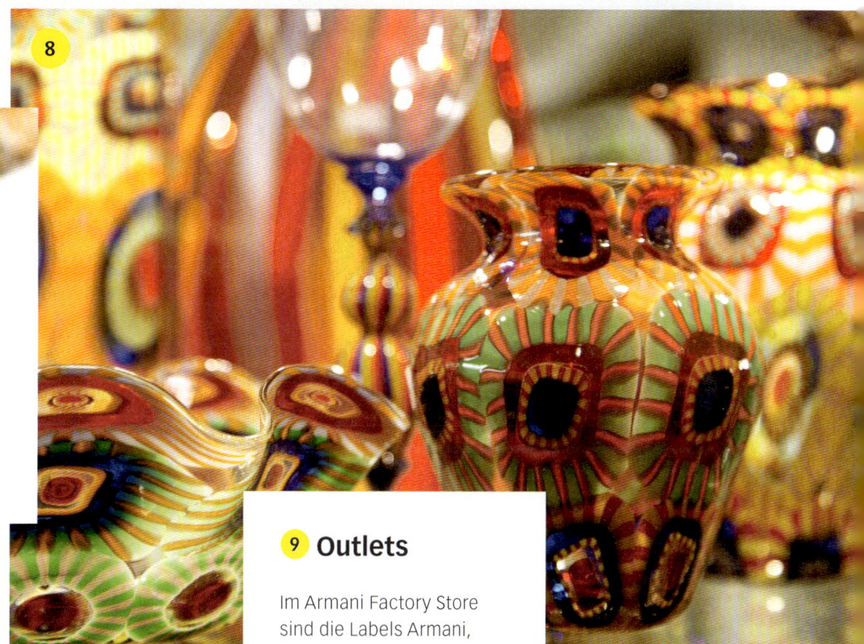

6 Modeparadies

Vor vier Generationen verkaufte Emilio Ceccato nahe der Rialto-Brücke nur Herrenhemden. Heute ist Al Duca d'Aosta mit sechs Boutiquen im Veneto die Adresse für Catwalk-Chic von mehr als 100 angesagten Designern.

San Marco 284, Venezia, Tel. 041 5 22 07 33; Piazza Ferretto 54, Mestre, Tel. 041 98 38 88; Via San Fermo 48, Padua, Tel. 049 8 76 14 66; Via Mazzini 31, Verona, Tel. 045 8 03 43 30; Via XX Settembre 12, Treviso, Tel. 0422 5 64 24; Via Mercato Vecchio 12, Udine, Tel. 0432 29 70 75, www.alducadaosta.com

7 Die Kekse der Serenissima

Biscotti, bruschette, brigiolini, pan dei dogi … Mauro Bruscagnin fertigt nach jahrhundertealten, traditionellen Rezepten süßes und pikantes Gebäck in Hülle und Fülle: perfekte Mitbringsel oder kleine Imbisse für unterwegs.

El Forner de Canton, Ruga Vecchia di San Giovanni 603, San Polo 603, Tel. 041 5 23 16 08, www.elfornerdecanton.com

8 Glaskunst

Opulente Lüster, verspielte Schalen, Figurinen, Ketten und Ringe: Auf Murano ist Glas in allen Formen und Farben der Star. Legendäre Glaswerkstätten zeigen, wie ihre Kunstwerke bis heute mundgeblasen werden. Besonders legendär: Barovier & Toso, seit 1259 im Besitz der gleichen Familien und damit die älteste Glasbläserei der Welt.

Fondamenta Vetrai 28, Murano, Tel. 041 73 90 49, www.barovier.com

9 Outlets

Im Armani Factory Store sind die Labels Armani, Giorgio, Collezioni, Emporio, Jeans und Juniors vertreten und ein Drittel günstiger als in den Boutiquen zu haben. Jeans von Diesel sind deutlich preiswerter bei Surplus. Und die Vorjahreskollektion von Max Mara, SportMax, Max & Co., Penny Black, Blues, Pianoforte und Marina Rinaldi finden Schnäppchenjäger bei der Diffusione Tessile Max Mara.

Armani, Viale Stazione 93, Trissino, Tel. 0445 49 21 05; Surplus, Via Ponticello 34, Molvena, Tel. 0424 4 11 81, www.diesel.com; Diffusione Tessile Max Mara, Via Padana Inferiore Ovest 15, Legnano, Tel. 044 2 60 28 11

10 Scarpèt Friulane

Die Dogen sind damit durch die Flure geschlurft, heute sind sie angesagte Puschen der Promis: die Scarpèts der Karnier, leichte Pantoffeln aus Samt in Bonbon- und Trendfarben. Seit 1600 werden sie von kleinen Manufakturen im Friaul handgefertigt – besonders nachhaltig von Lis Furlanis, wo recycelte Materialien bei der Herstellung Verwendung finden.

Lis Furlanis, Via Aussa 23, 33050 Gonars (bei Udine), Tel. mobil 33 45 31 82 34

Stadt der Wunder

Unter ihren Dogen stieg Venedig zu einer Großmacht auf, die nicht nur das Mittelmeer kontrollierte, sondern sich auch in einzigartiger Weise triumphal in Kunst und Kultur inszenierte. Giovanni Bellini war der erste Malerfürst der Seerepublik, weitere klangvolle Namen folgten: Tizian, Tintoretto und Tiepolo, Canaletto und Carpaccio. Wer jedoch gegen die strengen Regeln des Stadtstaates verstieß, wanderte nach kurzem Prozess über die Seufzerbrücke ins Gefängnis: Einzig Casanova gelang von dort die Flucht.

Durchblick: Rund 175 Kanäle soll es in Venedig geben – und mehr als 400 Brücken, um sie zu überqueren.

Über diese (Rialto-)Brücke muss man gehen: Ihr Name leitete sich von „Rivus Altus“ („hohes Ufer“) ab.

Schwarze Gondeln vor blauer Lagunenlandschaft: Wasser hat keine Balken, aber Venedig viel Holz im Unterbau.

Schmuckstück am Canal Grande ist der im 15. Jahrhundert errichtete und gegen Ende des 19. Jahrhunderts umgestaltete Palazzo Cavalli-Franchetti beim Ponte dell'Accademia.

„Es gibt zwei Arten von Städten: alle anderen und Venedig."

Henry James

Venedig gibt immer wieder Rätsel auf. Mal funkelt und glitzert die Stadt in der Sonne, dann wieder liegen kühle Nebelschwaden auf den Kanälen, umhüllt morbide Grandezza die Palazzi. Längst ist die Stadt mehr Mythos als realer Ort, mehr Spekulationsobjekt als Lebensraum. Verewigt in der Kunst, verlassen von den Menschen, aber nicht von den Touristen: Rund 20 Millionen besuchen jährlich die Stadt, die „halb Märchen, halb Fremdenfalle" (Thomas Mann) ist – im Tagesdurchschnitt also fast so viele, wie Venedig in seinem historischen Zentrum Einwohner hat (rund 54 000). Sie lassen sich für teures Geld durch die Kanäle gondeln und bringen Venedig mit ihrem Müll täglich an den Rand des Kollapses.

Der mächtigste Stadtstaat der Welt

Geheimnisumwoben sind bereits ihre Wurzeln. Der 5. März 421 als offizielles Datum der Stadtgründung ist Fiktion und durch nichts belegt. Im 5./6. Jahrhundert hatten sich die ersten Flüchtlinge aus Venetien auf den Laguneninseln niedergelassen. Später entwickelte sich die Siedlung von einem losen Verbund mehrerer Inseln zu einer straff organisierten See- und Handelsmacht, die im Jahr 1204 im vierten Kreuzzug sogar gegen Konstantinopel zog. Als neue Großmacht des Mittelmeeres – Dauerkonkurrentin Genua wurde 1378 bei Chioggia vernichtend geschlagen – erweiterte die Serenissima landseitig ihr Machtgebiet auf die Terraferma, wo Palladio für die venezianischen Adligen palastartige Landgüter in Padua, Vicenza, Verona, Bergamo und Brescia entwarf.

Händler wie Marco Polo brachten Seide und Samt, Smaragde und Rubine, Gewürze und andere Luxusgüter aus Arabien, Indien und China in die Stadt; arabische Händler, Sklaven und Juden sorgten für exotisches Flair im Straßenbild. Bellini und Vivarini machten die Lagunenstadt zum Zentrum der Künste, und ihr Arsenal galt als beste Werft der Welt. Bis zu 16 000 Mann arbeiteten dort an den Galeeren, mit denen die Seerepublik ihre Macht sicherte. Als Zentrum von Politik und Gesetz fungierte der Palazzo Ducale. Ausgeschmückt wurden die Räume von Kunststars des 16. Jahrhunderts: Tizian, Tintoretto und Paolo Veronese, die in ihren monumentalen Gemälden die wichtigsten Ereignisse der Stadtgeschichte festhielten.

Der Löwe aus der Lagune

Zum Symbol der Seerepublik wurde der geflügelte Löwe des heiligen Markus. Wo immer die Serenissima herrschte, breitete er schützend seine Flügel aus – meist

Venedigs Schauseite mit dem Dogenpalast, der niemals nur Herrschersitz war, sondern gleich drei unterschiedliche Funktionen in sich vereinte: Rathaus, Gericht, Dogenwohnung. Vom Wasser aus sieht man den Teil des Palasts, der ab 1340 als neuer Versammlungsraum für den Großen Rat gebaut wurde.

Unter den Arkaden am Markusplatz: „Hier fliegen die Löwen, und die Tauben gehen zu Fuß", meinte Jean Cocteau einmal – ermattete Reisende machen auch gern mal eine Rast. Und zwar im schönsten Salon Europas, „dem als Decke zu dienen nur der Himmel würdig ist" (Napoleon Bonaparte).

Blick auf die Seufzerbrücke mit dem „trunkenen Noah" links im Bildvordergrund, der zum Reliefschmuck des Dogenpalasts gehört.

Das Herz der Seerepublik: „Wer nicht sein Herz stärker klopfen fühlt, wenn er auf dem Markusplatz steht, der lasse sich begraben, denn er ist tot, unwiederbringlich tot." (Franz Grillparzer)

hoch erhoben auf einer Stele. Der Legende nach soll sich der Heilige auf einer seiner Reisen in der Lagune verirrt und im Dunkeln auf einer Insel zur Ruhe gelegt haben. Im Traum sei ihm dann ein Engel erschienen, der ihn mit den Worten *pax tibi Marce* („Friede sei mit dir, Markus") begrüßte – der Sinnspruch ist eingemeißelt in das geöffnete Buch, das der Markuslöwe mit seiner Pranke hält. Der Engel soll Markus auch geweissagt haben, dass dieser nächtliche Rastplatz seine letzte Ruhestätte – und der Ort seiner höchsten Verehrung – sein würde. Doch zunächst reiste Markus weiter nach Ägypten, wo er von Heiden an Stricken zu Tode geschleift worden sein soll. Die Christen begruben den Evangelisten dort in der Bischofskirche, doch 827 „retteten" venezianische Händler seine Gebeine vor den Sarazenen und bestatteten sie in Venedig in einer eigens für ihn errichteten Kirche, die 976 einer Feuersbrunst zum Opfer fiel. Erst am 25. März 1094 wurden seine sterblichen Überreste wie durch ein Wunder wiedergefunden und unter dem Hauptaltar des im gleichen Jahr vollendeten Markusdoms in einem steinernen Sarkophag erneut bestattet. Der Fund wird bis heute beim Inventio Sancti Marci groß gefeiert: mit Hochamt in der Basilika, Gondelregatta und Volksfest auf dem Markusplatz.

Das Schaufenster der Stadt

Das ganze Jahr hindurch ist die Piazza San Marco Schaufenster der Stadt. Ungeachtet der Tauben und Touristen ist der Markusplatz noch immer Flaniermeile und Festsaal zugleich. Hier schlug das politische, religiöse und gesellschaftliche Herz, wurden Staatsakte vollzogen – und hier stand das Schafott. 1507 wurde hier auch der Bäcker Piero Tasca hingerichtet. Er hatte einen erstochenen Toten gefunden und war daraufhin selbst des Mordes beschuldigt worden. Nach grausamen Folterungen wurde er an der Südseite der Basilika hingerichtet. Kurz darauf konnte die Unschuld des Bäckers bewiesen werden. Seitdem leuch-

Am Campo San Bartolomeo – abends ein beliebter Treffpunkt für Venedigs Jeunesse dorée – erinnert eine Statue an den venezianischen Komödiendichter Carlo Goldoni (1707–1793).

Müßiggang ist aller Laster Anfang – und wo könnte man mit dem Laster besser beginnen als in Venedig, der Stadt Casanovas?

Das Caffè Florian gehört zu den ältesten, schönsten – und teuersten – Kaffeehäusern der Welt

Ermattet von so viel Macht – der durch die Markuskirche symbolisierten geistlichen wie der durch den Dogenpalast symbolisierten weltlichen – kann man auf dem Markusplatz, der als einziger Platz in Venedig nicht Campo, sondern Piazza heißt, auch ganz profan die Sonne genießen.

Caffè Florian

Special

Das älteste Kaffeehaus

Hier umgarnte Casanova schöne Damen, verkehrten Goethe und Goldoni, Stendhal, Schopenhauer, Wagner und William Turner. Gegründet wurde das Caffè Florian am 29. Dezember 1720 vom venezianischen Gastwirt Floriano Francesconi, der seinen damals noch winzigen Laden einzig mit zwei Öllämpchen erhellte und stolz „Alla Venezia Trionfante" nannte. Vor allem den venezianischen Adligen, Künstlern und Intellektuellen gefiel es unter den Arkaden der Neuen Prokuratien am Markusplatz. Das Café florierte so gut, dass bald der ursprüngliche Name vergessen war: Venedig ging – und geht – „ins Florian".

www.caffeflorian.com

ten als ewige Entschuldigung der Stadt jede Nacht zwei rote Lichter zwischen den beiden Bögen der Basilika.

Die Macht der Kunst

Kaum jemand beherrscht(e) die Kunst der Selbstinszenierung so gut wie die Serenissima. Nach dem Rücktritt des letzten Dogen verhinderte vor allem ein Mann den Exodus der venezianischen Kunstschätze: Teodoro Correr (1750 bis 1830). In seinem Palazzo am Canal Grande stopfte er alle 20 Räume bis unter die Decke mit Kunst voll – seine Sammlungen bilden heute den Grundstock des Museo Correr. 1895 gründeten die Stadtväter die Biennale von Venedig, 1910 wurden mit Klimt, Renoir und Courbet auch die ersten internationalen Künstler ausgestellt. Längst hat die Kunst das Arsenal erobert, ist in den Palazzi der Stadt untergekrochen oder in andere Häuserensembles ausgewichen: Jenseits der Biennale bietet Venedig in seinen mehr als 40 Museen ohnehin eine Mammutschau der Kunst aus zwei Jahrtausenden, kann man von den Bellinis und Tizians in der altehrwürdigen „Accademia" zum Rokoko der Ca' Rezzonico schlendern, ehe im Palazzo Grassi Pop und Minimal Art mit dem barocken Prunk von Giorgio Massari spannungsreich flirten. Glück hatte die Stadt auch immer wieder mit reichen Mäzenen. So hatte zuerst der Fiat-Boss Giovanni Agnelli 1984 den Palazzo Grassi aufgekauft, die Architektin Gae Aulenti sowie Antonio Foscari mit der Restaurierung beauftragt und ihn zwei Jahre später als Kulturzentrum am Canal Grande eingeweiht. Nach dem Tod des Konzernchefs stand die Schmuckschatulle zum Verkauf, und getreu dem Motto „Man gönnt sich ja sonst nichts" legte der französische Industrielle und Kunstsammler François Pinault 29 Millionen Euro auf den Tisch, um nach fünfmonatigem Umbau im April 2006 eine groß angelegte Schau zu eröffnen, in der 200 Werke von Andy Warhol über Gerhard Richter bis zu Maurizio Cattelan gezeigt wurden. Damit nicht genug, ließ Pinault auch die einstige Zollstation am Eingang des Canal Grande – auf die auch die Guggenheim-Stiftung ein Auge geworfen hatte – nach Plänen von Tadao Ando umgestalten und eröffnete dort 2009 eine Dauerausstellung für zeitgenössische Kunst.

Splitternackt

Zum Kunstmekka wandelte sich auch der unvollendete Palazzo Venier dei Leoni am Canal Grande. 1910 hatte ihn die Marchesa Luisa Casati gekauft, die danach strebte, „ein lebendes Kunstwerk zu sein" – dafür verprasste die Geliebte des Dich-

Im Innenhof des Palazzo Contarini del Bovolo erinnert eine um das Jahr 1500 von dem lombardischen Architekten Giovanni Candi an den Palazzo angebaute Wendeltreppe („bovolo" ist das venezianische Wort für „Schnecke") an den Schiefen Turm von Pisa.

Santa Maria Gloriosa dei Frari, die ab 1340 vom Bettelorden der Franziskaner („frari" bedeutet im Venezianischen „Brüder") errichtete Kirche, betritt man heute meist durch einen Seiteneingang.

Im Inneren verzaubert die Frarikirche mit einem monumentalen, im Jahr 1518 entstandenen Altarbild: Tizians „Assunta" (Mariä Himmelfahrt).

Hier haben die Musen einen besonders schönen (H)ort: im Teatro La Fenice, Venedigs bedeutendstem Opernhaus. Um das Parkett verlaufen fünf übereinanderliegende Ränge mit Logen.

ters D'Annunzio binnen weniger Jahre ihr ganzes Vermögen. Sie feierte wilde Partys und führte zwei Geparden an diamantenbestickten Leinen über die Piazza San Marco. Das allein hätte vermutlich genügt, die Marchesa zum Stadtgespräch zu machen, doch damit nicht genug: Unter ihrem wohligen Pelzcape war die kapriziöse Lady gern splitternackt.

Die letzte Dogin

Nachdem Casati im Jahr 1932 vor ihren immensen Schulden nach London geflohen war, erwarb eine ebenfalls millionenschwere Lebenskünstlerin 1949 ihr Anwesen: Peggy Guggenheim, auch kein Kind von Traurigkeit. Marcel Duchamp, Yves Tanguy und Jackson Pollock zählten zu ihren Liebhabern, zweimal war sie verheiratet – zuletzt mit dem Dadaisten Max Ernst. Doch auch diese Ehe hielt nicht. So zog sie umher, logierte in Luxushotels und führte ein rastloses Leben, bis sie in Venedig eine Heimat für sich und ihre Kunst fand. Süchtig nach Bildern, sammelte sie die europäische und

„Niemals habe ich Venedig mit größerem Bedauern verlassen als dieses Mal, denn ich hatte einige sehr angenehme galante Intrigen im Gange …"
Giacomo Casanova

amerikanische Kunst auch der ersten Hälfte des 20. Jahrhunderts: Kubisten und Surrealisten, Actionpainter und Abstrakte – sämtliche Strömungen der klassischen Moderne faszinierten die Femme fatale, die sich mit ihrem Schoßhündchen über den Canal Grande chauffieren ließ und bei ihrem Tod am 23. Dezember 1979 von den Venezianern als „letzte Dogin" von Venedig betrauert wurde.

KARNEVAL IN VENEDIG

Im Spiel der Masken

„In Venedig werden viele Träume wahr", meint die Deutsche Tanja Schulze-Hess. Mit gutem Grund: Ihr ist ein historischer Hattrick gelungen. Als erste Teilnehmerin hat sie dreimal in Folge den Wettbewerb um das schönste Kostüm des venezianischen Karnevals gewonnen, 2007, 2008 und 2009. Aber auch wer das Spektakel nur als Zuschauer genießen möchte, erkennt bald: Die venezianische Spielart des Maskentreibens hat ihre ganz eigene Faszination.

So traditionell der Karneval von Venedig auch wirkt – er ist es nicht, jedenfalls nicht in seiner heutigen Form. Karneval wurde in Venedig zwar tatsächlich schon vor Jahrhunderten gefeiert – erstmals erwähnt findet man ihn im Jahr 1094 in einem Schreiben des Dogen Vitale Falier –, doch ab 1797 gab es in Venedig überhaupt keinen Karneval mehr. Napoleon hatte ihn verboten. Er befürchtete, wohl nicht ganz zu Unrecht, all die maskierten und verkleideten Venezianer könnten Böses im Schilde führen. Der Karneval von Venedig, wie ihn heute Hunderttausende jährlich besuchen, wurde erst 1979 wieder eingeführt, aus Gründen des Tourismus und Stadtmarketings, um auch die weniger frequentierten Wintermonate zu beleben. Was offensichtlich sehr gut funktioniert hat.

Der Engelsflug als Höhepunkt

Zu den wildesten Zeiten des Karnevals wurde Feuerwerk in den Himmel geschossen; junge Männer bauten Menschenpyramiden, es gab Marionettentheater und exotische Tiere – Höhepunkt war der „Engelsflug“: Ein Akrobat balancierte auf einem Seil vom Campanile auf den Markusplatz herunter. Auch das wurde neu belebt. Heute übernimmt diese Rolle jeweils ein Prominenter, doppelt und dreifach gesichert an Seilen – schwindelfrei sollte er nichtsdestotrotz sein.

Im 18. Jahrhundert kostümierte man sich gern in den Rollen der Commedia dell'Arte, ging als Pantalone oder Colombina, als Pulcinella oder Harlekin. Diverse traditionelle Maskentypen wurden unterschieden, aus dem Herstellen der Masken entwickelte sich ein ganzer einträglicher Wirtschaftszweig. Und das Gewerbe der *maschereri*, der Maskenbauer, hat bis heute dem Zahn der Zeit getrotzt.

Nur ein Touristenspektakel?

Kritiker mäkeln, der Karneval sei zu einer reinen Touristenattraktion verkommen. Die Besucher aus aller Welt tragen Billig-Masken aus Fernost und nehmen schon mal nachts – meist nicht freiwillig, aber immer betrunken – ein Bad in einem der Kanäle. Das mag alles sein. Und doch: Manchmal, wenn leichter Nebel über die Stadt zieht und man sich unversehens entfernt hat vom Trubel, wenn man durch einsame Gassen schlendert und auf einmal ein Mensch im Kostüm des Pantalone oder der Pulcinella vorüberhuscht, dann kann man sich schon versetzt fühlen in die Zeiten Casanovas, im 18. Jahrhundert, als der Karneval zu seiner Höchstform auflief. Wobei Casanova sicherlich auch heute nichts dagegen hätte, sich auf der Piazza San Marco ins Getümmel zu werfen.

„Carne vale“ – „Fleisch, lebe wohl“, lautet das Motto der Narren. Ob die Träne auf der Maske daher rührt …?

Masse statt Klasse – viele der heute in Venedig verkauften Masken stammen nicht aus der Werkstatt eines traditionellen Maskenbauers, sondern aus einer Fabrikhalle in Fernost.

Fakten & Informationen

Carnevale di Venezia
Der Karneval in Venedig beginnt 14 Tage vor Aschermittwoch und dauert bis Faschingsdienstag.
www.carnevale.venezia.it

Kostümverleih
Für die Verfilmung von Tolkiens „Herr der Ringe“ entwarf er Rüstungen, für Cate Blanchett als Elizabeth I. prunkvolle Gewänder: Stefano Nicolao ist berühmt für seine Kostüme. Zehntausende Roben und Reifröcke, Masken und Mäntel drängen sich im Fundus – für 200 bis 800 Euro sind sie auszuleihen:
Stefano Nicolao, Cannaregio 2590,
Tel. 041 5 20 70 51, www.nicolao.com

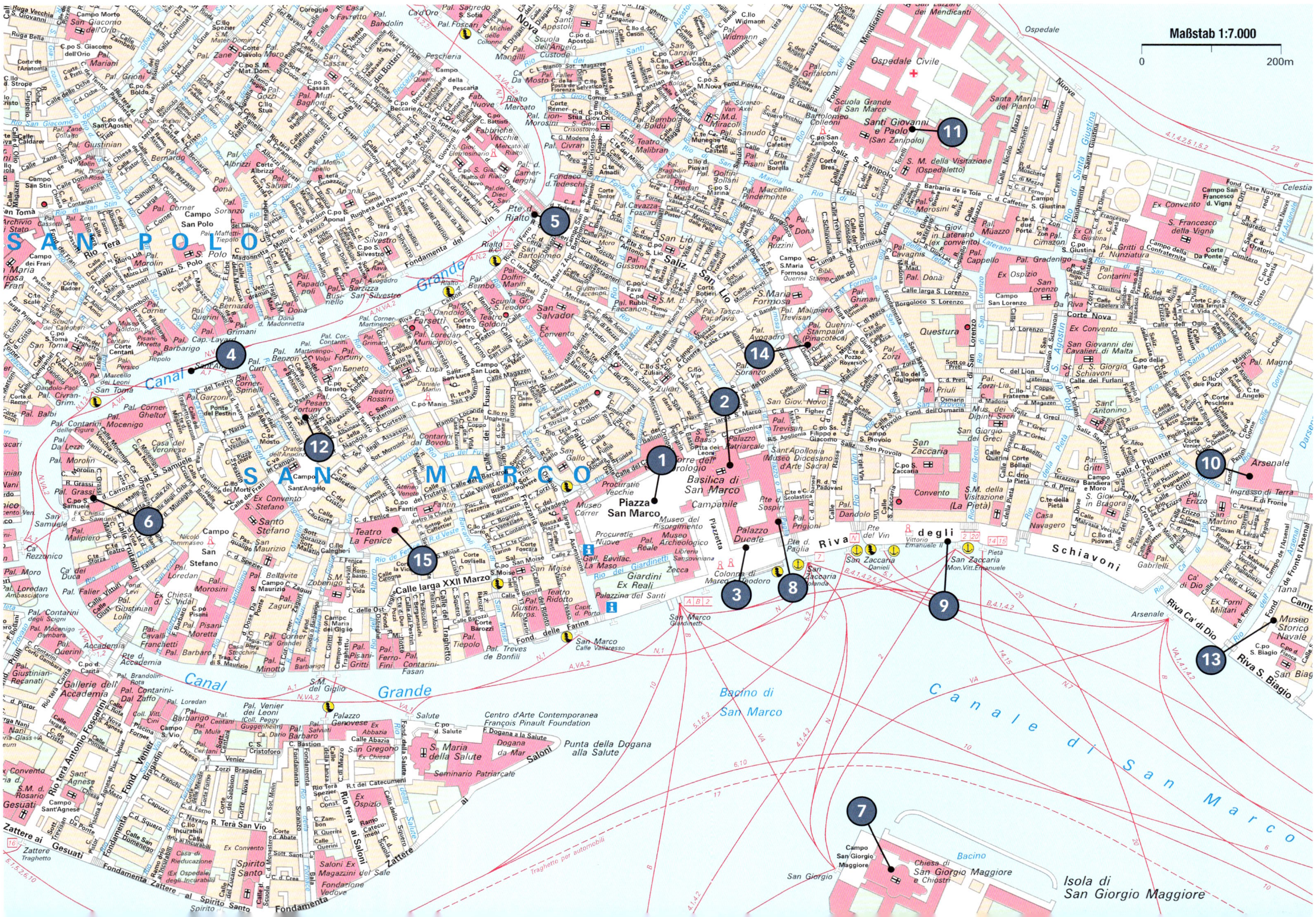

Maßstab 1:7.000
0
200m
SAN POLO
SAN MARCO
Canal Grande
Canale di San Marco
Bacino di San Marco
Isola di San Giorgio Maggiore
Piazza San Marco
Basilica di San Marco
Palazzo Ducale
Campanile
Piazzetta
Riva degli Schiavoni
Arsenale
Ospedale Civile
Santi Giovanni e Paolo (San Zanipolo)
Teatro La Fenice
S. Maria della Salute
Punta della Dogana alla Salute
Centro d'Arte Contemporanea François Pinault Foundation
Chiesa di San Giorgio Maggiore e Chiostri
Museo Storico Navale
Riva S. Biagio
Riva Ca' di Dio
Rialto
Campo San Polo
Campo Santo Stefano
Giardini Ex Reali
Museo Correr
Procuratie Nuove
Procuratie Vecchie
Torre dell'Orologio
San Zaccaria
Questura
1
2
3
4
5
6
7
8
9
10
11
12
13
14
15

Der Glanz der Serenissima

„La Serenissima" – die „Allerdurchlauchtigste": Mit diesem Ehrentitel preisen die Venezianer Glanz und Größe ihrer Stadt. Wichtigstes Mittel der staatlichen wie der persönlichen Selbstdarstellung und das herausragende Statussymbol der adeligen wie der bürgerlichen Familien wurde die Kunst – heute zu entdecken in mehr als 900 Palazzi, 100 Kirchen und mehr als 40 Museen.

1 – 15 Venedig

Venedigs Centro Storico besteht nicht aus Stadt-„Vierteln", sondern „Sechsteln" – den Sestieri. Die wichtigsten Sehenswürdigkeiten der Lagunenstadt findet man in San Marco, im Residenzviertel Santa Croce gibt es schöne Palazzi zu bestaunen, in Dorsoduro und Cannaregio liegen die besten Museen von Venedig. San Polo ist ideal zum Shopping, Castello die Heimat der Biennale.

SEHENSWERT

Für Napoleon war er der „schönste Festsaal Europas": Die 175 m lange und 56 bis 82 m breite 1 **Piazza San Marco** TOPZIEL (Markusplatz) war jahrhundertelang das geistliche, gesellschaftliche und politische Zentrum der Republik. 400 Jahre lang, von der Gotik bis zur Republik, wurde an der einst einzigen Piazza der Lagunenstadt gebaut. Neben ihr gab es bis zum Bau des Bahnhofsplatzes nur „Campi" – unbefestigte „Felder". An der Südseite bietet der 98,6 m hohe **Campanile** aus dem Jahr 888, der nach dem Einsturz von 1902 zehn Jahre später wiederaufgebaut wurde, einen fantastischen Rundblick (tgl. geöffnet, Okt., Ostern bis Juni 9.00–19.00, Juli–Sept. bis 21.00, Nov. bis Ostern 9.30–15.45 Uhr, Erw. 8 €). An der Nordseite schlagen zwei riesige Mohren aus Bronze auf dem **Torre dell'Orologio** (Uhrturm) die Stunden an. Nord-, Ost- und Südseite des Markusplatzes fassen die **Prokuratien** (16./17. Jh.) ein, die einstigen Verwaltungsgebäude der Republik. Im Erdgeschoss befinden sich heute neben exquisiten Läden die drei berühmtesten Musikcafés Venedigs – das Gran Caffè Quadri, das Gran Caffè Lavena und das 1720 gegründete **Caffè Florian**. Staats- und Palastkirche der Dogen sowie offizielles Staatsheiligtum der Republik Venedig war bis 1797 die 2 **Basilica di San Marco** TOPZIEL (Markusdom, Mo.–Sa. 9.45–17.00, So. 14.00–17.00 Uhr, Eintritt frei, Museo di San Marco: 5 €, Pala d'oro: 2 €, Tesoro: 3 €, www.basilicasanmarco.it). Diese wurde 832 geweiht, aber erst 1094 für die Gebeine des Apostels Markus im byzantinischen Stil mit fünf Kuppeln vollendet. Wände und Decken des dreischiffigen Inneren schmücken 4240 m² große Mosaiken auf Goldgrund, den Boden faszinierende Marmormosaiken. Der 3 **Palazzo Ducale** TOPZIEL, 814 als Holzfestung errichtet, im 14. Jh. zum gotischen Palast umgebaut, war Sitz der Dogen, der Regierung der Serenissima sowie der Jurisdiktion – Gericht und Gefängnis waren hier ebenso untergebracht wie der Versammlungssaal des Großen Rates und die Prunkgemächer der Dogen (Erw. 20 €, Geheimgänge-Führung 20 €, April–Okt. tgl. 8.30–19.00, Nov.–März 8.30 bis 17.30 Uhr, Kassenschluss 1 Std. vorher, http://palazzoducale.visitmuve.it; die 3 Mon. gültige Eintrittskarte umfasst auch das Museo Correr, das Museo Archeologico Nazionale und die Biblioteca Marciana; Pausentipp: das 2013 eröffnete Culto Caffè Cioccolato). Am Bacino di San Marco beginnt der 4 **Canal Grande** TOPZIEL, eine 3,8 km lange Schaustrecke venezianischer Baukunst, die sich am besten an Bord eines

Tipp

Venezia Unica

Wer Venedig ausgiebig kennenlernen möchte, kann mit dem City-Pass „Venezia Unica" Geld sparen: mit dem Silver City Pass für Kirchen und Museen (3 Tage ab 28,90 €) , dem Gold City Pass für Kirchen, Museen und freie Fahrt im Nahverkehr (3 Tage ab 70,90 €), dem Platinum City Pass mit Museen, Kirchen, Nahverkehr, Wlan und Führungen (3 Tage 85,90 €) oder einer individuellen City-Karte mit selbst zu wählenden Leistungen – von Museen, Ausflügen und Touren bis zum Parkhaus und öffentlichen Toiletten.

www.veneziaunica.it

Ob per Gondel oder Vaporetto – Venedig erleben Sie am besten vom Wasser aus (oben). Details von San Marco (unten rechts).

In Harry's Bar mixen die Barista wie eh und je schmackhafte Cocktails.

Vaporetto oder einer Gondel erleben lässt. Während der Fahrt gleiten die Boote unter drei Brücken hindurch. Ältestes Bauwerk ist die 48 m lange und 22 m breite 5 **Rialtobrücke** TOPZIEL (1591), die angeblich auf 12 000 Eichenstämmen ruht. Der französische Milliardär François Pinault erwarb 2006 den 6 **Palazzo Grassi** (Erw. 15 €, mit Punta della Dogana 20 €, Mi.–Mo. 10.00–19.00 Uhr, www.palazzograssi.it) und gewährt dort bei wechselnden Ausstellungen Einblicke in seine Sammlungen moderner und zeitgenössischer Kunst. An der **Scalzibrücke** (1858, 1932–1934 ersetzt) wendet jährlich am 1. So. im Sept. die Regata Storica.
Von Eugenio Miozzi erbaut wurde die hölzerne **Accademiabrücke** (1933), von der sich ein herrlicher Ausblick auf **Santa Maria della Salute** (1631–1681) am Eingang des Canal Grande eröffnet. Zu den Kunstwerken der Pestkirche gehören „Das Pfingstwunder" (1546) von Tizian und Tintorettos „Hochzeit von Kanaa" (1561). San Giorgio, die Insel gegenüber vom Markusplatz, dominiert ein Kloster, für das Palladio die Kirche 7 **San Giorgio Maggiore** samt Kreuzgang erbaut hat (Eintritt zur Kirche frei, Auffahrt im Campanile 6 €, Mai–Sept. Mo. bis Sa. 9.30–18.30, So 8.30–11.00, 14.30 bis 18.30 Uhr, Okt.–April Mo.–Sa. 9.30–Sonnenuntergang, So 8.30–11.00, 14.30–Sonnenuntergang). Zur Aussichtsplattform des 75 m hohen Campanile saust ein Aufzug!

Patrizier haben in der gotischen Dominikanerkirche 11 **Santi Giovanni e Paolo** (1234 bis 1430) ihre letzte Ruhestätte gefunden. Als eines der Hauptwerke bildhauerischen Schaffens in der Renaissance gilt das **Reiterstandbild** von Bartolomeo Colleoni auf dem weitläufigen Kirchplatz, das der Florentiner Verrochio 1488 geschaffen hat.

MUSEEN

Pinakothek und Sammlungen zur städtischen Geschichte vereint das 1 **Museo Correr** (Piazza San Marco, Eintritt mit San-Marco-Museumspass 20 €, Nov.–März tgl. 10.00–17.00, April–Okt. 10.00–19.00 Uhr, http://correr.visitmuve.it). In der 1553 von Sansovino errichteten Libreria Vecchia (Alte Bibliothek) zeigt das 1 **Museo Archeologico Nazionale** (Piazza San Marco, Eintritt mit San-Marco-Museumspass 20 €, April–Okt. tgl. 10.00–19.00, Nov. bis März 10.00–17.00 Uhr) antike Skulpturen. Im 1 **Museo di San Marco** (Piazza San Marco, Erw. 5 €., April–Okt. tgl. 9.45–16.45 Uhr, www.museosanmarco.it) lässt sich das Original der Quadriga (2. Jh.) vom Markusdom bewundern. Textilkunst vom Feinsten zeigt ab 2018 der 12 **Palazzo Fortuny** nur noch bei Sonderausstellungen (Zeiten/Preise abhängig von der jeweiligen Ausstellung, http://fortuny.visitmuve.it). Zeugnisse der venezianischen Marine birgt das 13 **Museo Storico Navale** (Castello 2148, Arsenale, Riva S. Biasio), das derzeit wegen Umbau geschlossen ist. Geöffnet ist jedoch die zum Museum gehörige **Padiglione delle Navi** mit einer großen Sammlung von Gondeln, Schiffen und maritimen Gerät (Rio della Tana, Castello 2162, Erw. 5 €, tgl. 8.45–17.00 Uhr, www.marina.difesa.it). Zu den Schätzen des 14 **Museo Querini Stampalia** (Erw. 10 €, Santa Maria Formosa Castello 5252, Di.–So. 10.00–18.00 Uhr, www.querinistampalia.it) gehört Giovanni Bellinis „Darbringung im Tempel".

„Alle Städte sind gleich, nur Venedig ist ein bissl anders.«

Friedrich Torberg

Die Seufzer der Verurteilten gaben der 8 **Ponte dei Sospiri**, der Seufzerbrücke, ihren Namen. Die steinerne Brücke verbindet seit dem 17. Jh. den Dogenpalast mit dem Staatsgefängnis, aus dem Casanova zu Allerheiligen 1756 auf spektakuläre Weise entfloh. Weiter gen Osten führt eine der schönsten Promenaden der Stadt: die 9 **Riva degli Schiavoni.** Luxusjachten und Kriegsschiffe liegen hier am Kai und Karussells drehen sich im Kreis. Das 10 **Arsenale**, in dem während der Biennale auch Kunst gezeigt wird, war einst die größte Werft der Welt. Bereits im 14. Jh. liefen hier Schiffe vom Stapel. 27 Dogen und reiche

MUSIK UND THEATER

Größtes und bekanntestes Opernhaus Venedigs ist das im klassizistischen Stil errichtete 15 **Teatro La Fenice** (Campo San Fantin, www.teatrolafenice.it). Kleinere Opernproduktionen werden im **Teatro Malibran** (Campiello Malibran) aufgeführt. Von Tadao Ando minimalistisch gestylt wurde das 2013 wieder eröffnete **Teatrino di Palazzo Grassi** für Konzert, Schauspiel und andere Events (www.palazzograssi.it/en/il-teatrino). Werke venezianischer Komponisten wie Antonio Vivaldi präsentiert das Kammerorchester **Interpreti Veneziani** (www.interpretiveneziani.com) in der Kirche San Vidal. In Kostümen des 17. Jh. konzertiert das Orchester **I Musici Veneziani** (www.imusiciveneziani.com) in der Haupthalle der Scuola di San Teodoro von San Marco. Hörenswert sind auch die Konzerte des 1993 gegründeten Kammerorchesters **Collegium Ducale** (www.collegiumducale.com), das Instrumentalwerke im Palazzo delle Prigioni und in der Kirche Santa Maria Formosa zu Gehör bringt.

VERANSTALTUNGEN

Wichtigstes Ereignis im Jahreslauf ist der **Karneval** (www.carnevale.venezia.it), der 14 Tage vor Aschermittwoch mit Stehgreifbühnen und Artisten auf dem Markusplatz und traumhaft verkleideten Akteuren in der ganzen Stadt gefeiert wird. Die berühmte **Biennale** (www.labiennale.org) von Venedig, eine der wichtigsten Kunstausstellungen weltweit, findet an allen ungeraden Jahren zwischen Juni und November statt. Größtes traditionelles Fest ist die **Regata Storica** (www.regatastoricavenezia.it) jährlich am 1. So. im Sept. mit prachtvoll geschmückten Gondeln, die sich auf dem Canal Grande ein Wettrennen liefern. Populär ist auch der Brückenlauf **Su et zo per i ponti** (www.suezo.it) im März.

EINKAUFEN

Die **Calle delle Mercerie,** Venedigs Shoppingmeile für Markenmode, verbindet San Marco mit Rialto. Eine zweite Luxusmeile mit Flagship-Stores führender italienischer Labels ist die **Calle Larga XXII Marzo** gleich um die Ecke von San Marco. Auch in der **Calle Vallaresso** drängen sich Designerboutiqen. **La Fenice** ist das Viertel der Antiquitätenhändler. Für echtes Muranoglas oder handgeklöppelte Buranospitze sollte man jedoch die beiden

Tipp

Unbedingt probieren!

Genießen Sie Venedig auch mit dem Gaumen! „Baccalà mantecato" etwa ist eine geröstete Weißbrotscheibe mit Stockfischcreme, „Sarde in saor" eine beliebte Vorspeise aus sauer eingelegten Sardinen mit Zwiebeln, Rosinen und Pinienkernen.

Panini, Tramezzini & Co. gibt es in Venedig fast überall – einfach probieren!

Laguneninseln aufsuchen. Im Sestiere San Polo werden die berühmten venezianischen **Masken** noch handgefertigt (siehe auch S. 20/21).

ESSEN UND TRINKEN

Eine Art Sündenbabel für Schlemmermäuler ist die Konditorei € € **Marchini** (San Marco 676, Spadaria, Tel. 0415 22 91 09). Zu den Lieblingstreffs der Einheimischen gehört das € / € € **Antico Caffè Rosa Salva** (Campo SS Giovanni e Paolo 6779, Tel. 041 5 22 79 49, www.rosasalva.it). Seit 70 Jahren bei Gourmets beliebt ist € € € **La Colomba** (San Marco 1665, Piscina di Frezzeria, Tel. 041 5 22 11 75, www.sanmarcohotels.com), wo Künstler wie Picasso und de Chirico Mahlzeiten mit eigenen Werken bezahlten. Die € € / € € € **Osteria di Santa Marina** (Castello, Campo Santa Marina 5911, Tel. 041 5 28 52 39, www.osteriadisantamarina.com) serviert delikate Küche: z. B. Carpaccio aus Lachs und Schwertfisch und zum Dessert Zitronencreme mit Lakritzsoße.
Echte Nostalgiker trinken ihn mit Champagner statt Prosecco: den „Bellini", kreiert Anfang der 1940er-Jahre von Giuseppe Cipriani in € € **Harry's Bar** (San Marco 1323, Calle Vallaresso, Tel. 041 5 28 57 77, http://cipriani.com/restaurant/?loc=venice-harrys-bar). In dieser schlürften Orson Welles und Truman Capote ihre Drinks, Ernest Hemingway verewigte sie sogar in seinem Roman „Über den Fluss und in die Wälder". Mehr Spaß macht ein „Bellini" heute allerdings im € € **Caffè Centrale** (San Marco 1659/B, Piscina di Frezzeria, Tel. 041 2 96 06 64, www.caffecentralevenezia.com): Wer da dort den Cocktail aus Pfirsich und Sekt genossen hat, kann die Lokalität vom hauseigenen Anleger am Rio dei Barcoli verlassen – dann fällt das eigene Schwanken gar nicht mehr so auf … Hinter der Rialtobrücke versteckt sich die höchstens zehn Quadratmeter große Bar **Al Mercà**, deren Tresen zum Platz hinausragt – und für junge Leute, Touristen und Geschäftsleute seit Jahren der Treff zum Aperitivo ist (Fondamenta Riva Olio, San Polo 213, Mo.–Sa. 8.00–15.00, 18.00–21.30 Uhr).

UNTERKUNFT

Exklusivstes Hotel ist der 1475 von der Familie Pisani erbaute und jüngst renovierte € € € € **Gritti Palace** (Campo Santa Maria del Giglio, 2467, Tel. 041 79 46 11, www.thegrittipalace.com/de). Erschwinglicher als die hiesigen Luxusgemächer ist ein Essen auf der Bellavista-Terrasse mit Paradeblick auf den Kanal. Fürstliche Opulenz prägt auch das € € € **Hotel Giorgione** (SS. Apostoli 4587, Tel. 041 5 22 58 10, www. hotelgiorgione.com). Wo sonst gibt es im Innenhof einen Hydromassagen-Pool mit Salzwasser? Eleganten Komfort, Ruhe und schöne Ausblicke verbindet das € € € **Hotel De L'Alboro** (San Marco 3894 b, Tel. 041 5 22 94 54, www.alborohotel.it).

INFORMATION

APT della Provincia di Venezia
San Marco 2637, 30124 Venezia
Tel. 041 5 29 87 11

Genießen Erleben Erfahren

DuMont Aktiv

Verbrechen und andere Kleinigkeiten

Commissario Brunetti auf der Spur: Wo haben Guido und Paola ihre ersten gemeinsamen Abende verbracht? Durch welche Gassen streift er? Sich an die Fersen des venezianischen Kriminal-Kommissars zu heften, war nie schwierig: Die Amerikanerin Donna Leon, die seit 1981 in Venedig lebt, beschreibt seinen Alltag so präzise, dass man mit einem Roman in der Hand die beschriebenen Plätze suchen konnte. Da aber Leon eine eifrige Autorin ist und seit 1993 fast jährlich einen neuen Brunetti auf den Markt bringt, wurde das etwas umständlich.

Es gibt einfachere Lösungen: Die Literaturhistorikerin Toni Sepeda hat sich die Mühe gemacht und alles in dem Buch „Mit Brunetti durch Venedig" zusammengefasst. Zwölf Routen und ein Ausflug in die Lagune geben ein realistisches Bild der fiktiven Person Brunetti ab. Da Donna Leon auch das Vorwort geschrieben hat, darf man davon ausgehen, dass sie mit der Auswahl einverstanden ist.

Ein Ehepaar aus München hat Krimistadtpläne zusammengestellt, die übers Internet bestellt werden können. Sie sind nicht anhand der einzelnen Romane vorgegangen, sondern haben die Schauplätze anders gebündelt. So kann man etwa die fiktiven Fundorte der fiktiven Leichen im realen Venedig besuchen – oder die Bars und Cafés, in denen sich Brunetti von diesen Funden erholt. Wer nichts lesen mag, sondern nur schauen, der kann sich einer Stadtführung anvertrauen, die – auf Deutsch – ebenfalls kriminalistisch durch die Gassen führt.

Weitere Informationen
Die Brunetti-Romane von **Donna Leon** sind im Diogenes-Verlag erschienen. Dort veröffentlichte auch Toni Sepeda ihr Buch „Mit Brunetti durch Venedig".

Stadtpläne
mit Begleitheften zu Brunettis Venezia: www.brunettistadtplan.de

Stadtführungen auf Brunettis Spuren:
www.venicetours.it/de/auf-den-spuren-von-brunetti

Viertägige Kurzreisen auf den Spuren des Commissario Brunetti:
www.literaturreisen.com

Amerikanerin in Venedig: Donna Leon

380
CANTINE del
992

Vom Leben in der Lagunenstadt

Alltag in Venedig: Immer mehr Einwohner verlassen die Altstadt, immer mehr Geschäfte schließen, immer mehr Motorboote ersetzen die traditionell schwarzen Gondeln. Doch diese Vision vom Ende, vom unausweichlichen Untergang der Lagunenstadt gehört ebenso zu ihrem Alltag wie das bunte Treiben des Carnevale, das uralte Handwerk der Gondelbauer und das älteste Getto der Welt.

Wahrer Luxus ist es, in Venedig zu sein und Zeit zu haben, um auf einen Caffè in einer Bar vorbeizuschauen und dann weiter durch die Gassen zu ziehen.

Wegzehrung am Campo dei Tolentini

Auch ein Handwerk: das Spiel mit den Masken

Gemüsebauern versorgen per Boot die Stadt.

Nachts um drei, wenn die Touristen noch müde die Hotels bevölkern, nehmen die Gemüsebauern von Sant' Erasmo Kurs auf Venedig. Um halb vier läuft die Milchflotte aus. Zuerst geht es zum Großmarkt an der Piazzale Roma, dann werden die Gemüsestände am Rialto-Markt und die Läden der Lagunenstadt versorgt. Während der Rushhour der Lastkähne rumpeln die Handkarren der Stadtreinigung durch die Gassen, um den Müll des Vortages einzusammeln, der vor den Haustüren und Hotels steht. Täglich werden rund 160 Tonnen davon auf die Müllschiffe verladen, in denen der Abfall auf je 5000 Tonnen zusammengepresst wird. Kahn um Kahn gleitet den Canal Grande hinab.

Lustvolles Labyrinth

Vor der Hauptpost stapelt ein „Postino" Pakete und Briefe in einen Lastkahn – der Postbote gehört zu den wenigen, die Durchblick haben im Straßengewirr. Denn: Als die Habsburger 1801 auch in Venedig die Hausnummern einführten, wählten sie ein System, das Auswärtige heute verzweifeln lässt. Ohne Rücksicht auf Straßenzüge oder Plätze wurden sämtliche Häuser durchnummeriert – 29 254 Hausnummern gibt es im gesamten Centro Storico, und auch innerhalb der Grenzen der einzelnen Sestieri ist die Nummerierung streng und unerbittlich. San Marco beispielsweise beginnt mit Nummer eins am Dogenpalast und endet mit Nummer 5562 neben der Rialtobrücke. Die Aufgabe des Briefträgers ist also ganz einfach: Er fängt bei Nummer eins an und macht weiter, bis er fertig ist. Wer nicht in Venedig geboren ist, dem hilft der Blick auf die Hausnummer indes kaum weiter. Da bleibt nur eins: sich lustvoll in diesem Labyrinth treiben zu lassen.

Das älteste Getto der Welt

Im Jahr 1516 wurde den Juden in Cannaregio das Gelände einer ehemaligen Gießerei (ital. *getto, gettare* bedeutet „schmelzen") für Kanonenkugeln als

Kanal am Campo San Pantalon

Koscherer Laden in Cannaregio

Quo vadis? – Alle Wege, so scheint's, führen entweder nach San Marco oder zur Rialtobrücke.

Venedig ist „wie ein großartiger Traum, der eigentlich gar nicht sein dürfte. Ich sehe die Häuser aus dem Wasser wachsen, sehe ihr vom Salz angefressenes, bröseliges Mauerwerk – und denke an ein Wunder."

Ulrich Tukur

Wohngebiet zugewiesen – ein Vorland, bewachsen mit Schilf *(canna regio)*, das wegen des sumpfigen Grundes nicht gegen Hochwasser geschützt werden konnte. Zwei Brücken gewährten Zugang zum *Ghetto Nuovo*, dem ältesten Getto der Welt. Sämtliche Türen und Fenster durften nur nach innen gerichtet sein; und schon bald mussten die hohen, schmucklosen Häuser aufgestockt werden, um den Zustrom von Flüchtlingen zu bergen, die fortan hinter einer hohen Mauer lebten. Ihre beiden Tore wurden bei Einbruch der Dunkelheit geschlossen – und an christlichen Feiertagen erst gar nicht geöffnet. Auf ihr volles Bürgerrecht mussten die venezianischen Juden indes bis zum Jahr 1848 warten. Heute leben noch rund drei Dutzend Juden im Getto. Dazu gehören ein paar koschere Geschäfte, traditionelle Kunsthandlungen und das jüdische Museum, das Führungen durch Venedigs Synagogen anbietet.

Eine Gondoliera? Niemals!

Nicht aus dem alltäglichen Stadtbild wegzudenken sind die Männer, die in ihren Streifenhemden und mit dem Strohhut die schwarze Gondeln durch die Kanäle steuern. Erst vor einigen Jahren, im April 2007, gelang es einer Deutschen, die älteste italienische Männerbastion zu stürmen. Das war eine doppelte Sensation: Seit Gründung der exklusiven Gondolierevereinigung im Jahr 1094 gab es noch nie eine Frau unter den 425 Mitgliedern – und jetzt gelang die Revolution sogar einer Ausländerin! Ein Skandal! Venedig war fassungslos – und Andrea Hai stolz: Zehn Jahre lang hatte sie für ihren Traumberuf gekämpft, fünfmal war sie durch die Prüfung gefallen – nun war ihr per Gerichtsbeschluss gestattet worden, dass sie für eine Hotelkette deren private Gondel steuern darf. Unterstützung erhielt Andrea Hai von dem Ruder-Champion und Gondelbauer Crea Vianello, der eigens für sie eine Gondel anfertigte.

Nur „Gondoliera" darf sie sich nicht nennen – noch nicht. Eine erste Gondoliera in der 900-jährigen Geschichte dieses Berufs gibt es erst seit 2009: Da bestand mit der 23 Jahre alten Giorgia Boscolo, Mutter zweier Kinder, erstmals eine Frau die Aufnahmeprüfung – zwei Jahre zuvor hatte sie es wie Andrea Hai vergeblich versucht. Giorgia ist die Tochter eines Gondoliere, der zwar stolz auf sie ist, sie aber nicht in ihren Ambitionen unterstützt. Auch er findet, „dass der Gondoliere-Beruf für eine Frau ungeeignet ist." Wie alle Gondoliere also. Was wohl auch materielle Gründe hat. Denn Gondeln zu steuern, ist eine lukrative Tradition: Mehr als 5000 Euro bringen die Männer im Monat nach Hause.

Auf dem Rialtomarkt wird seit eh und je Obst und Gemüse von den umliegenden Inseln verkauft, …

… auch Fisch und Meeresgetier …

… und vieles andere mehr: Die Waren ziehen Feinschmecker ebenso an wie Touristen.

Stimmt der Preis?

Gesteuert wird eine Gondel über die Forcola am Heck. Wie die ellenförmige Ruderhalterung aus Kirsch- oder Walnussholz geschnitzt werden muss, damit über die Rundungen und Ausbuchtungen die insgesamt sieben Tempi vom Anlegen bis zur Schnellfahrt gesteuert werden können, ist ein in Fachkreisen gut gehütetes Geheimnis. Als Meister seines Fachs gilt heute Saverio Pastor, der 1958 in Venedig geboren wurde, bei Giuseppe Carli das alte Handwerk erlernte und mit seiner Firma „Spazio Legno" offizieller Forcola-Lieferant der Comune di Venezia ist. Nummeriert und signiert, sind seine formschönen Forcole auch bei Sammlern als Kunstwerk beliebt.

280 Einzelteile für die Gondel

Den Bug jeder Gondel ziert seit Jahrhunderten das Ferro – ein Metallschild mit der Mütze des Dogen und den sechs Zacken der Sestieri: San Marco, die Insel Giudecca, San Polo, Cannaregio, Castello und Santa Croce. Nur noch auf historischen Gemälden zu bewundern ist dagegen die Felze – ein hölzerner Aufbau mit halbrundem Dach, der im Sommer die Gondelgäste vor der Sonne, im Winter vor Regen und Kälte und das ganze Jahr hindurch englische Adlige wie Lord Byron samt Begleitung vor neugierigen Blicken schützte.

Dass die Gondelkabine nicht völlig in Vergessenheit geriet, ist der Verdienst von „El Felze": In dieser Vereinigung zum Erhalt der Gondelkultur sind seit dem Jahr 2002 alle Gewerbe mit ihren Zulieferern vereint, die innerhalb von vier Monaten aus 280 Einzelteilen eine Gondel bauen: die Squerarioli (Bootsbauer), die Ottonai und Fonditori (Schlosser), die Intagiadori (Kunstschnitzer), Remeri (Forcola-Schnitzer), Tapessieri (Polsterer), Calegheri (Schuhmacher), Fravi (Eisenschmiede), Indoradori (Vergolder) sowie die Bareteri (Hutmacher) und die Sartor (Schneider).

Als Imitat enttarnt

Einst waren die Gondeln bunt bemalt und mit Gold belegt. Um dieser Prunkentfaltung Einhalt zu gebieten, wurde 1562 per Dekret die Farbe Schwarz für alle Gondeln vorgeschrieben. Heute wagen sich indes auch grelle Gondeln in Gelb auf die Kanäle – doch die werden rasch als Imitate aus glasfaserverstärktem Kunststoff enttarnt.

Palazzo um Palazzo

Das erste Vaporetto (Wassertaxi) nahm 1881 seinen Liniendienst auf: Die „Regina Margherita" chauffierte die Gäste des damaligen Geografiekongresses über die Kanäle. Beliebteste Vaporetto-Linie ist die Nummer 1. Langsam schippern die Boote den Canal Grande entlang, während wie von Zauberhand nach einer Biegung Palazzo um Palazzo mystisch schön aus dem Wasser aufragt.

Einflussreiche Kurtisanen

Mehr als 10 000 Kurtisanen sollen einst in der weltoffenen Handelsstadt gelebt haben. Als Wohngebiet wies ihnen die Serenissima ein offizielles Rotlichtviertel im Sestiere San Polo zu. Nur wenige Schritte von der Rialtobrücke entfernt konnte man sie dort mit entblößten Brüsten am Fenster sitzen sehen. Berühmt für

„Immer von Neuem staunt das Ohr …"

Ernst Bloch

Alltag in Venedig: Über den engen Gassen flattert Wäsche im Wind, Jogger nützen die frühen Morgenstunden, während Hunde ihr Hundeleben offensichtlich genießen und irgendwo immer jemand auf ein Vaporetto wartet.

„Venedig war die Stadt meiner Träume, und alles was ich sah, übertraf meine Erwartungen …“

George Sand

Machismo, blau-weiß gestreift: Rund 900 Jahre lang duldeten Venedigs Gondoliere keine Gondoliera neben sich. Seit 2009 dreht ihnen Giorgia Boscolo eine lange Nase von ihrer Gondel aus – und die Herren müssen sich nun warm anziehen.

dieses üppige visuelle Spektakel war die Ponte delle Tette, die „Busenbrücke" über den Rio Terrà delle Carampane. Zwar war das Leben der Kurtisanen durch Gesetze eingeschränkt – so durften sie nur am Sonnabend durch Venedig bummeln – ihre „Verbindung" zu hoch stehenden Persönlichkeiten machte sie jedoch oft selbst zu einflussreichen Mitgliedern der venezianischen Gesellschaft.

Kein Abgesang mit Brot und Tulpen

Die Klage über den Verfall der Stadt, ihr bald bevorstehendes Ende ist vielleicht schon so alt wie Venedig selbst. Doch noch gibt es sie, die Venezianer und die sesshaften Ausländer, die den (all)täglichen Wahnsinn der Serenissima mit Leidenschaft und Humor (er)leben – und nicht missen wollen. So wie Rosalba Barletta, die als frustrierte Hausfrau mittleren Alters auf einer Busreise „vergessen" wird, per Anhalter nach Venedig fährt, dort mehr als nur dem Flair der Lagunenstadt verfällt – und in Silvio Soldinis Filmkomödie „Pane e Tulipani" (Brot und Tulpen) im Kino ein Millionenpublikum begeisterte.

Gedreht wurde dieser Erfolgsstreifen mitten in den volkstümlichen Vierteln – die Sehenswürdigkeiten sind nur ein kaum wahrnehmbarer Hintergrund in weiter Ferne oder eine Spiegelung auf einer Sonnenbrille.

ÖKOLOGIE IM ZEICHEN DER LAGUNE

Land unter: Venedig stirbt. Stirbt Venedig?

Venedigs Lagune ist bedroht, und zwar dreifach: bei Hochwasser, bei Niedrigwasser und schließlich durch ein Projekt, das diese schwankenden Wasserstände reguliert.

Das zweitgrößte Feuchtbiotop in Italien nach dem Podelta hat etwa die Größe des Bodensees. Es ist ein Zwischenreich, nicht Wasser, nicht Land: Sümpfe, Kanäle, Sandbänke und winzige Inseln, die zum Teil nur bei Ebbe übers Wasser schauen. Zwölf der Inseln sind bewohnt. Dort, wo Schiffe fahren, ist das Wasser 15 bis 20 Meter tief, ansonsten oft nur einen halben Meter. In der Lagune mischen sich Salzwasser und Süßwasser, ein idealer und seltener Lebensraum für Wasservögel, Fische und Pflanzen. Im südlicheren Teil gibt es zudem Fisch- und Muschelzucht. Drei größere Durchgänge führen durch die Lagune ins offene Meer hinaus. Durch diese flutet zweimal täglich die Adria, spült mit Salzwasser die Lagune durch. So entledigt sich Venedig bis heute seiner Abwässer. Eine Kanalisation fehlt bis heute – einzig für Hotels ist eine dreistufige biologisch-chemische Kläranlage Pflicht.

Venedig s(t)inkt

Nicht nur die Haushalte Venedigs verschmutzen die Lagune, sondern auch Abwässer und Abgase der Industrieanlagen und der Kreuzfahrtschiffe, die Venedig immer öfter anlaufen. Seit 1997 ist der Kreuzfahrttourismus um 436 Prozent gewachsen; mehr als 1,7 Mio. Kreuzfahrttouristen spült er jedes Jahr an Land. Und die Schiffe nutzen, da Landstrom fehlt, während der Liegezeit den Schiffsdiesel für die Stromerzeugung. Immerhin, mittlerweile hat – ungeachtet des massiven Drucks der Lobbyisten der Kreuzfahrtbranche – der Stadtrat entschieden: Kreuzfahrtschiffe mit mehr als 40 000 BRT dürfen bereits seit 2014 nicht mehr die Passage durch den Giudecca-Kanal nutzen, schwimmende Riesen mit mehr als 55 000 BRT müssen seit November 2017 im Industriehafen von Marghera auf dem Festland festmachen.

Auch kleinere Boote bereiten Probleme: Da in Venedig mit Autos kein Staat zu machen ist, hält man sich ein flottes Motorboot. Auch sie tragen zur Zerstörung der Stadt bei, die schnellen Wellen peitschen peu à peu den Mör-

Acqua alta: Venedig, das nur einen Meter über dem Wasserspiegel liegt, ist für seine winterlichen Hochwasser bekannt, bei denen oft der ganze Markusplatz überflutet ist.

Geisterstadt Venedig? Gefährlicher noch als das Hochwasser, sagen manche, sei die Abwanderung der Bewohner.

tel aus den Häuserwänden und schaden Flora und Fauna.

An das Hochwasser, *acqua alta*, hat sich Venedig nur scheinbar gewöhnt. Während es in den 1950er-Jahren noch etwa sieben Hochwassertage pro Jahr gab, sind es mittlerweile 50 pro Jahr. Steigt weltweit der Meeresspiegel weiter so an, steht in 50 Jahren an jedem dritten Tag Hochwasser in den Gassen von Venedig! Denn nicht genug, dass der Meeresspiegel ansteigt, Venedig sinkt – vor allem eine verstärkte Trinkwasserentnahme ist hierfür verantwortlich. Da stellt sich die Frage, ob man nicht einfach den Wasserspiegel der Lagune absenken könnte. Doch wenn der Wasserstand zu niedrig wird, kommen die Lärchenstämme, auf denen Venedig gebaut ist, mit Sauerstoff in Kontakt und beginnen zu faulen.

Grüne Akzente

Um all diesen Problemen im Wortsinn einen Riegel vorzuschieben, begannen 2003 die Bauarbeiten am Megaprojekt MOSE (Modulo sperimentale elettromeccanico). Zehn Jahre später – die Tore sind bereits in der Lagune versenkt, das E-Werk für die Anlage ist fast vollendet – wurden 14 Männer wegen des Verdachts der Korruption festgenommen. Unter ihnen: der Chef des für den Bau verantwortlichen Konsortiums Venezia Nova, Giovanni Mazzacurati, und mehrere seiner Mitarbeiter. Ungeachtet der kriminellen Machenschaften schritten die Bauarbeiten zügig voran. Denn 2015 war Mailand Gastgeber der Weltausstellung – und die Lagunenstadt Referenzstandort des Projekts „Aquae Venezia 2015".

Schon heute ist in Venedig allerorten das Streben nach Nachhaltigkeit und Tourismus im Einklang mit der Umwelt zu spüren. Die Angebote für Ökotourismus werden konsequent ausgebaut, Urlauber mit mehrsprachigen Plakaten ermahnt, den Müll ordnungsgerecht zu entsorgen. Wer dennoch die Kippe in den Kanal wirft, kann mit einem Bußgeld von 500 Euro bestraft werden. Das Taubenfüttern auf dem Markusplatz ist seit Mai 2008 untersagt – die Tiere hinterließen hier jährlich vier Tonnen Kot. Grüne Akzente setzt Venedig auch beim Verkehr. Zwischen dem Großparkplatz Tronchetto und Piazzale Roma pendelt emissionsfrei der People Mover. Die Tram, die 2012 auf Gummireifen den Betrieb zwischen Mestre und Favoro aufnahm, fährt mit Tempo 35 seit Juni 2015 bis zur Piazzale Roma; eine Verlängerung nach San Basilio ist im Bau – Flughafen, ZOB und Kreuzfahrtterminal werden dann umweltfreundlich verbunden sein.

Fakten & Informationen

Das Projekt MOSE

Trotz aller Korruptionsfälle wurde im Herbst 2014 das letzte der 78 hydraulischen Fluttore im Grund der Adriazuflüsse verankert, jedes davon 30 Meter lang, 20 Meter breit und fünf Meter dick. Im Normalfall liegen sie mit Wasser gefüllt am Meeresboden. Wenn in der Lagune ein Pegel von mehr als 1,10 Meter droht, können sie mit Druckluft innerhalb von einer Stunde leer gepumpt und aufgerichtet werden, um so den Adriawellen den Weg in die Lagune zu versperren. Die Differenz des Pegels zwischen Lagune und Adria kann dabei im Extremfall zwei Meter betragen.

www.mosevenezia.eu

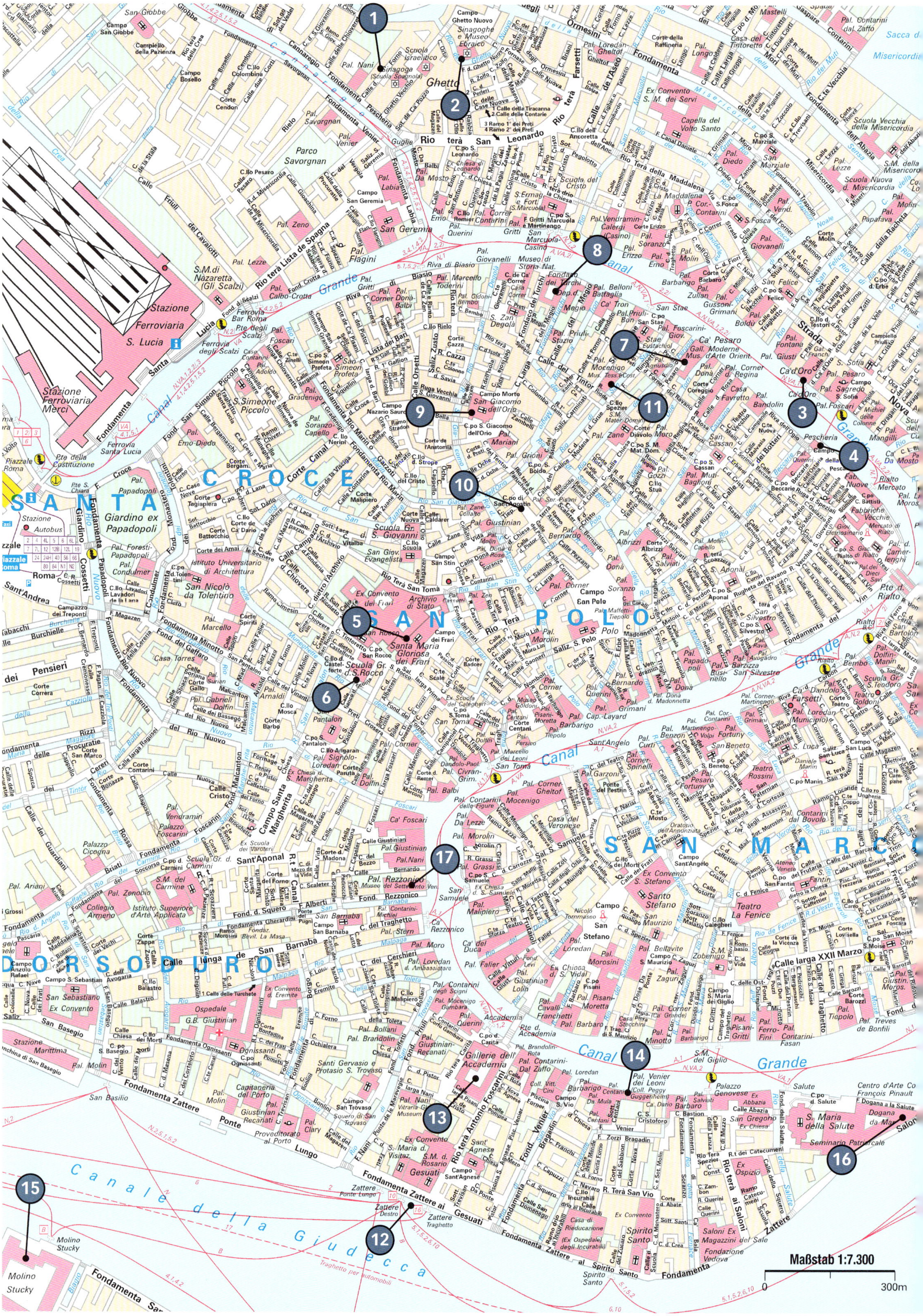
SANTA CROCE
SAN POLO
SAN MARCO
DORSODURO
Canal Grande
Canale della Giudecca
Stazione Ferroviaria S. Lucia
Stazione Ferroviaria Marittima
Piazzale Roma
Ghetto
Rio terà San Leonardo
Giardino ex Papadopoli
Ca' d'Oro
Rialto
Ca' Foscari
Gallerie dell' Accademia
S. Maria della Salute
Molino Stucky
Fondamenta Zattere ai Gesuati
Maßstab 1:7.300
0
300m
1
2
3
4
5
6
7
8
9
10
11
12
13
14
15
16
17

Die Stadt der Sinne

„Italien", sagte Anna Achmatova einmal, „ist ein Traum, der für den Rest deines Lebens immer wiederkehrt." Für Venedig gilt das ganz bestimmt: Beim ersten Mal ist alles noch aufregend neu und im Grunde viel zu viel, um mit dem Staunen fertig zu werden. Spätestens beim zweiten Mal will man dann nur eines: wiederkommen, immer wieder!

1 – 17 Venedig

Prunkvolle Palazzi und versteckte Synagogen, altes Handwerk und buntes Markttreiben, Szenebars und Bàcari: In den Sestieri Cannaregio, San Polo, Santa Croce, Dorsoduro und auf der Giudecca präsentiert sich Venedig, wie es leibt und lebt.

SEHENSWERT

Am 29. März 1516 schuf der Senat von Venedig in **Cannaregio** das erste Judengetto der Welt. Seinen Mittelpunkt bildet der **Campo di Ghetto Nuovo** mit hohen, schmucklosen Häusern, auf dem eine Bronzetafel von Arbis Blatas an den Holocaust erinnert. Da es den Juden verboten war, ihre Gotteshäuser auf venezianischem Grund zu bauen, fallen ihre Synagogen, „Scuole" genannt, im Stadtbild nicht auf: Sie ähneln Wohnhäusern oder wurden auf deren Dächern errichtet. Die beiden schönsten Synagogen liegen am **Campiello delle Scuole:** die **Scuola Levantina** (1541), deren reich geschnitztes Lesepult der Bildhauer Andrea Brustolon gestaltete, und die 1 **Scuola Spagnola** (1580). Die größte der einst neun venezianischen Synagogen wurde 1635 von Barockbaumeister Baldassare Longhena umgestaltet. Jüdische Leckereien kann man beim Panificio Volpe in der **Calle del Ghetto Vecchio** 1143 kosten, koschere Kost serviert das Restaurant Gam-Gam am **Canale di Cannaregio**. Ein Spaziergang führt vorbei an der **Ponte dei Tre Archi,** Venedigs einziger Dreibogenbrücke, und der Kirche San Giobe aus der Frührenaissance zum Ende des Kanals, wo sich ein fantastisches Panorama auf die nördliche Lagune eröffnet.

Das Geschäfts- und Bankenviertel **San Polo** am Rialto (venez.: „hohes Ufer") bildet den betriebsamen geografischen Mittelpunkt des Centro Storico. Hier lebt das alte Venedig: glanzvoll und volkstümlich, grandios und morbid. Ein Muss am Morgen ist der Besuch des Fischmarkts. Unter den neogotischen Arkaden der 4 **Pescheria** am Canal Grande werden dienstags bis samstags ab sechs Uhr früh frischer Fisch und Meersfrüchte verkauft – die Atmosphäre ist einzigartig! Obst und Gemüse gibt es an den Marktständen in den umliegenden Gassen. Berühmtestes Kunstdenkmal des Viertels, in dem Carlo Goldoni (1707–1793) geboren wurde, ist die gotische Pfeilerbasilika der Franziskaner, 5 **Santa Maria Gloriosa dei Frari** (1338–1443; Erw. 3 €, Mo.–Sa. 9.00–18.00, So. 13.00–18.00 Uhr, www. basilicadeifrari.it; Konzerte mit Künstlern wie Jan Gabarek), die hinter ihrer schlichten Backsteinfassade ein prachtvolles Inneres verbirgt – mit 15 prunkvollen Grabstätten (darunter vier Dogen, Claudio Monteverdi und Tizian) und bedeutenden Kunstwerken von Giovanni Bellini, Vivarini, Donatello und Tizian. Letzterer malte für die Ordenskirche das für die damalige Zeit ungewöhnlich große Altarbild „Mariä Himmelfahrt" (1518). Tizians größter Konkurrent war Tintoretto – er schuf in der westlich von der Frarikirche liegenden 6 **Scuola Grande di San Rocco** (1549; Erw. 10 € inkl. Audioguide. tgl. 9.30–17.30 Uhr, www. scuolagrandesanrocco.it) zwischen 1564 und 1577 insgesamt 56 Decken- und Wandgemälde.

Der „Ferro" am Bug gleicht das Gewicht des Gondoliere aus; die sechs Metallzähne symbolisieren die sechs Stadtviertel Venedigs.

Besonders schön: der Marienzyklus in der Säulenhalle des Erdgeschosses, in der einst Arme und Kranke versorgt wurden. Von Touristen nur wenig besucht ist das beliebte Wohnviertel der Venezianer: **Santa Croce.** Hauptattraktionen des Quartiers, das sich von dem mit Mestre verbundenen Großparkplatz Piazzale Roma bis zum Bahnhof erstreckt, sind seine Prachtbauten am Westufer des Canal Grande: der barocke Palast 7 **Ca' Pesaro** (1628) von Baldassare Longhena, die **Ca' Rezzonico** (1680, 1745), der **Palazzo Corner della Regina** (1724) von Domenico Rossi und der 8 **Fondaco dei Turchi** (12. Jh., im 19. Jh. restauriert), einst Residenz türkischer Kaufleute und heute naturgeschichtliches Museum. Eindrucksvoll sind auch die barocken Palazzi Soranzo-van Axel (1473–1479) und Gradenigo (17. Jh.) am Rio Marin. Die Kirche 9 **San Giacomo dell'Orio** (9. Jh., 1225) am gleichnamigen Platz erhielt ihren Namen von einem Lorbeerbaum (ital. „alloro"), der einst hier gestanden haben soll. Beliebt bei Nachtschwärmern ist der 10 **Campo St. Augustin** – die Baffo's Bar gilt als Szenetreff.

Der lang gezogene Dorsoduro, Venedigs „harter Rücken" im Südwesten der Altstadt, ruht nicht auf Pfählen, sondern meist auf

Tipp

Eis mit Aussicht

So ein „Gianduiotto da passeggio" lässt schwärmen: Großzügig werden Haselnuss- und Schokoladeneis in das hohe Glas gestrichen, die Freiräume mit Schlagsahne gefüllt, kleine Biscotti auf die Spitze gesetzt und mit einer Sahnehaube bekrönt: Gratis dazu gibt es bei der Gelateria Nico auf der Sonnenpromenade des Dorsoduro noch den Paradeblick auf die Giudecca.

Zattere ai Gesuiti, Tel. 041 5 22 52 93, www.gelaterianico.com

festem Grund. Der Corso von Dorsoduro ist die Uferpromenade 12 **Zattere** mit herrlichen Ausblicken auf die Insel Giudecca. An einem Querkanal versteckt sich eine der letzten Gondelwerften Venedigs. Das alte Zollhaus an der Punta della Dogana verwandelte Stararchitekt Tadao Ando 2009 ins 16 **Centre d'Arte Contemporaneo**, das bei Sonderschauen Gegenwartskunst aus der Sammlung des Milliardärs François Pinault zeigt (Erw. 15 €, Kombiticket mit Palazzo Grassi 20 €, tgl. 10.00–19.00 Uhr, www.palazzograssi.it). Nicht minder imposant ist das Panorama von der Landspitze: Markusplatz, San Giorgio, Giudecca und der Anfang des Canal Grande. Acht Inseln, durch Kanäle getrennt und mit Brücken verbunden, bilden **La Giudecca** – eine zwei Kilometer lange „Spina Longa" („lange Gräte", so ihr ursprünglicher Name). Im 9. Jh. wurden unerwünschte oder verurteilte Mitbürger hier verbannt. Im 19. Jh. entdeckten die Städter die Insel als Sommerfrische und errichteten Villen mit prachtvollen Gärten; heute wohnen hier Elton John und Ulrich Tukur Tür an Tür. Die Westspitze dominiert Venedigs bedeutendstes Industriedenkmal: der 15 **Molino Stucky,** ab 1893 vom Nudelkönig Giovanni Stucky als neogotischer Ziegelbau errichtet und vom Hannoveraner Architekten Ernst Wullekopf mehrfach erweitert. Nach Jahren des Leerstands und Verfalls eröffnete 2007 in der einst größten Nudelfabrik Italiens das Molino Stucky Hilton, ein 380-Betten-Hotel mit Kongresszentrum. An der Ostspitze erhebt sich die **Chiesa Le Zitelle** (1582–1596) mit angeschlossenem Stift für mittellose Mädchen, die hier einst Spitzen klöppelten. In der Mitte der Insel dominiert eine weiße Franziskanerkirche die Skyline, die als eines der Hauptwerke von Andrea Palladio gilt: die Votivkirche **Il Redentore** (1577–1592), errichtet aus Dank für die Errettung von der Pest, die im Jahr 1576 fast 50 000 Menschen dahingerafft hatte. 1993 beendete Junghans seine Uhrenproduktion auf Giudecca. Das einstige Fabrikgelände wurde 1995 von Cino Zucchi in **Giudecca Nuova** verwandelt – einen lebendigen Komplex mit Studentenwohnungen, Büros, Geschäften und Bars.

Gottesdienst im Verborgenen: Blick in die Scuola Spagnola (oben links). Moderne Kunst an der Punta della Dogana (oben rechts). Studentisches Flair auf dem Campo Santa Margherita in Dorsoduro (unten).

MUSEEN

Einblicke in das Leben der jüdischen Gemeinde gewährt das 2 **Museo Ebraico di Venezia** (Erw. 8 €, mit Führung durch die Synagoge 12 €, Juni–Sept. 10.00–19.00, Okt.–Mai 10.00–17.30 Uhr, www.museoebraico.it) mit Exponaten zur Liturgie und Geschichte der Juden von Venedig sowie mit Führungen durch die Synagogen und Ausflügen zum jüdischen Friedhof auf dem Lido. Juwel der rund 300 Palazzi am Canal Grande ist am Ostufer die elegante 3 **Ca' d'Oro**, die ihren Namen von der einst vergoldeten Marmorfassade erhielt. Dort zeigt die **Galleria Giorgio Franchetti** die Kunstsammlung des letzten Besitzers (Eintritt inkl. Ausstellung 11 €, mit Palazzo Grimani 13 €, freier Eintritt am 1. So. im Monat, Mo. 8.15–14.00, Di.–So. bis 19.00 Uhr, www.cadoro.org), u. a. Tizians „Venus mit Spiegel" (1553/54), Mantegnas „Hl. Sebastian" (1459) sowie Werke von Carpaccio und Bellini. In der Ca' Pesaro in Santa Croce zeigt die 7 **Galleria Internazionale d'Arte Moderna** (Museum moderner Kunst) Kandinsky, Klimt, Klee und andere Künstler des 19./20. Jh.; im zweiten Obergeschoss präsentiert das 7 **Museo d'Arte Orientale** (beide Erw. 10 €, April–Okt. tgl 10.00–18.00, Nov.–März bis 17.00 Uhr, http://capesaro.visitmuve.it) Kunst aus Japan, China und Indonesien. Im Renaissancepalast Mocenigo, berühmt für seine Kostümsammlung, eröffnete im November 2013 Italiens erstes Duftmuseum. Zu den Schätzen des 11 **Museo del Profumo** gehören 2500 Flakons aus fünf Jahrhunderten und eine Fibel aus dem 16. Jh. mit 300 Rezepten für Parfüms (Erw. 8 €, April–Okt. tgl. 10.00–17.00, Nov.–März bis 16.00 Uhr, http://mocenigo.visitmuve.it). Im ehemaligen Kloster Santa Maria della Carità (15. Jh.) von Dorsoduro gibt die 2011 von Tobia Scarpa modernisierte und erweiterte 13 **Gallerie dell'Accademia** (Erw. 15 € inkl. Ausstellungen; freier Eintritt am 1. So. im Monat, Mo. 8.15–14.00, Di.–Fr. bis 19.15 Uhr, www.gallerieaccademia. org) einen hervorragenden Überblick über die Entwicklung der venezianischen Malerei. Ein Mekka für moderne Kunst ist der Palazzo Venier dei Leoni (18. Jh.) mit der 14 **Collezione Peggy Guggenheim** TOPZIEL (Erw. 15 €, Onlinereservierung zzgl. 1,50 €, tgl. außer Di. 10.00–18.00 Uhr, www.guggenheim-venice.it). In der Ca' Rezzonico (1667–1682) präsentiert das 17 **Museo del Settecento** (Erw. 10 €, Apr. bis Okt. tgl. 10.00 bis 17.00, Nov.–März bis 16.00 Uhr, http://carezzonico.visitmuve.it) das Leben in Venedig im Rokoko.

MUSIK UND THEATER

Seit 1969 ist das **Teatro a l'Avogaria** (Dorsoduro 1617, Corte Zappa, www.teatro-avogaria.it) eine Bühne für Experimentiertheater. Opern im Stil des 18. Jh. führen die Sänger und Musiker von **Musica in Maschera** (www.musicainmaschera.it) an der Scuola Grande di San Giovanni Evangelista von San Polo auf.

VERANSTALTUNGEN

Stierkämpfe und Maskenbälle wurden einst auf dem Campo di San Polo veranstaltet – heute lockt hier im August **Un'Estate al Cinema** mit hochklassigem Freiluftkino (www.comune.venezia.it). Am dritten Samstag im Juli findet auf der Insel Giudecca eines der ältesten und berühmtesten Feste Venedigs statt, die **Festa del Redentore**. Besonders schön: die Bootsparade und das Feuerwerk am Vorabend.

Tipp

Fantàsia

Typisch venezianische Vorspeisen sind die Spezialität des einfachen Lokals in der **Località Bragora von Castello,** das 2009 als erstes Sozialprojekt in der italienischen Gastronomie startete. Junge Schulabbrecher, Langzeitarbeitslose und Menschen mit Handicap unterstützen hier Renzo Barbon, Chefin der gemeinnützigen Organisation **Uniamo,** die am Herd traditionelle Hausmannskost, Holzofen-Pizzen und Pasta zubereitet.

INFORMATION
Castello 3817, Tel. 041 5 22 80 38, www.uniamogoldin.it

Im 19. Jahrhundert entdeckten die Städter die Insel Giudecca als Sommerfrische; heute wohnen hier Elton John und Ulrich Tukur Tür an Tür.

ESSEN UND TRINKEN

Krabben mit Polenta, Muschelsuppe und andere tpyisch venezianische Gerichte gibt es im € € / € € € **Antiche Carampane** (San Polo 1911, Rio Terrà delle Carampane, Tel. 041 5 24 01 65, www.antichecarampane.com, So./ Mo. Ruhetag). Bis 24.00 Uhr ist die Küche in der € € / € € € **Terrazza Sommariva** (Rialto – Riva del Vin 731, Tel. 041 5 23 11 64, www.sommarivarestaurant.it) zu Füßen der Rialtobrücke geöffnet – nach Meinung der Einheimischen gibt es hier die besten Spaghetti Carbonara der Stadt. Beliebt ist die € € **Pizzeria Al Nono Risorto** (Santa Croce 2337, Sottoportego della Siora Bettina, Tel. 041 5 24 11 69) mit ihrem Garten. Eine äußerst gemütliche Trattoria ist € € / € € € **Vini da Gigio** (Cannaregio 3628, Fondamenta San Felice, Mo./Di. geschl., Tel. 041 5 28 51 40, www.vinidagigio.com). Der – recht teure – Ableger von Harry's Bar auf Giudecca, € / € € **Harry's Dolci** (Sestiere Giudecca 773, Tel. 041 5 28 57 77, www.cipriani.com) versüßt die Paradeblicke auf die Stadt mit köstlichen Kuchen. Einen Aperitif nach der Arbeit genießen kann man in einem Bàcaro, einer typisch venezianischen Kneipe wie dem € **Cantinone Già Schiavi** am Rio San Trovaso (Dorsoduro 992, Tel. 041 5 23 00 34; Mo.–Sa. 8.30–22.30 Uhr, www.cantinaschiavi.com). Ochsenblutrot gestrichen sind die Wände des Bàcaro € **Antico Dolo** (San Polo, Ruga Rialto 778, tgl. 19.00 bis 22.00 Uhr, Tel. 041 5 22 65 46, www.anticodolo.it), wo es zum Wein auch einfache, aber köstlich schmeckende venezianische Gerichte gibt: Kutteln und Krebse.

UNTERKUNFT

Auf der Giudecca gibt es mit dem ultranoblen € € € € **Hilton Molino Stucky Venice** (Giudecca 810, Tel. 041 2 72 33 11, www3.hilton.com), dem nicht minder noblen € € € € **Hotel Cipriani** (Giudecca 10, Tel. 041 5 20 77 44, www.belmond.com/hotel-cipriani-venice) und dem ebenfalls sehr feinen € € € / € € € € **Bauer Palladio Hotel & Spa** (Giudecca 33, Tel. 041 5 20 70 22, www.palladiohotelspa.com) gleich drei Luxusherbergen, aber auch ein hervorragendes Hostel: das € **Generator Venice** (Giudecca 84/86, Fondamenta della Croce, Tel. 04 18 77 82 88, https://generatorhostels.com). Auch zahlreiche Klöster empfangen Gäste – in meist sehr einfachen, aber dafür auch sehr günstigen Zimmern. Keine 40 Euro kostet das Doppelzimmer in der € **Casa di Ospidalità Caburlotto** (Ponte della Guerra 5402, Castello, Tel. 041 5 22 53 52, www.casacaburlotto.it), die perfekt gelegen ist: zentral zwischen Rialto und San Marco! Der € € **Apostoli Palace** (Calle del Padiglion, Cannaregio 4702, Tel. 041 5 20 31 77, www.apostolipalace.com) ist ein ruhiges Familienhotel mit acht Zimmern. Im € € **Hotel Galleria** (Dorsoduro 878 a, Tel. 041 5 23 24 89, www.hotelgalleria.it) haben nicht alle Zimmer ein Bad, dafür aber romantische Ausblicke.

INFORMATION

APT della Provincia di Venezia
San Marco 2637, 30124 Venezia
Tel. 041 5 29 87 11

Genießen Erleben Erfahren

DuMont Aktiv

Der Schattenrundgang

Rund 50 000 „ombre" (italienisch: „Schatten") sollen täglich in Venedig getrunken werden. Aber die Zahlen sagen wenig über den Genuss. Und nur darum geht es beim „Giro de ombre", dem Schattenrundgang!

Der Giro de ombre führt im besten Fall von einem Lokal zum nächsten, ganz locker über einen Tag verteilt. Dazu werden Häppchen gegessen, vergleichbar den spanischen Tapas. Gerne beginnt der Venezianer damit gegen 11.00 Uhr vormittags: Dann schlürft er sein erstes Gläschen Wein oder an heißen Tagen auch einen „Spritz". Und zwar nicht irgendwo, sondern in einem „Bacarò", einer einfachen Schänke. Der Name „Giro de ombre" soll übrigens einen venedig-spezifischen Bezug haben: Vor der Erfindung anderer Kühlmöglichkeiten verkauften die Händler ihre Waren am liebsten im Schatten, so eben auch das Gläschen Wein samt Leckerei. Dafür stellten sie sich in den Schatten des Campanile, der wanderte, und in diesem „giro" wanderten Verkäufer und Kunden mit. Auf jeden Fall gilt für diese Erklärung das italienische Sprichwort: „Se non è vero è ben trovato – und wenn es nicht wahr ist, so ist es doch gut erfunden." Wahrscheinlicher ist die Erklärung, dass man im Italienischen zu einer Kleinigkeit auch „un'ombra" sagt. Eben nur ein Schatten von Etwas ...

Zum Gläschen Wein werden dann „cicchetti" gereicht – mundgerechte Fleischklößchen etwa oder die „sarde in saor": Sardinen mit Zwiebeln, Rosinen und Pinienkernen.

Schluck für Schluck durch Venedig

Aciugheta
Campo Santi Filippo e Giacomo-Castello, 4357, Tel. 0415 22 42 92, www.aciugheta.com, kein Ruhetag; große Käseauswahl zum Wein.

Bakarò
Sestiere Dorsoduro 3665, Campo Santa Margherita, Tel. 04 12 41 27 58, am Do. geschl. Wird gerne von Studenten besucht, es gibt viel Tramezzini und Crostini.

Ca' d'Oro
genannt „Alla Vedova", Cannaregio 3912, Calle del Pistor, Tel. 0415 28 53 24, Do. und So.-morgen geschl. Eine der Spezialitäten ist *Baccalà,* Stockfisch.

SUZUKI
SUZUKI

Spitzen und Glas

Wie verwunschene Oasen ragen kleine Inseln aus den seichten Fluten der Lagune. Früher einmal waren sie Festungen und Verstecke, eine Leprastation oder ein Lazarett, ein Kloster oder ein Küchengarten – andere sind seit Jahrhunderten Heimstatt alter Handwerkskunst: Burano ist berühmt für filigrane Spitzen, Murano für feinstes Glas. Nur am Lido vergnügt man sich seit der Belle Epoque bestens: beim Dolce Vita am goldgelben Strand.

Burano ist bekannt für seine bunten Häuschen, die sich malerisch im Wasser spiegeln.

Auf San Lazzaro degli Armeni, einer nur drei Hektar großen, dem Lido vorgelagerten Insel, leben, nach dem armenischen Ordensgründer Mechithar benannte …

… Mechitharistenmönche in einem Kloster.

Basilika Santa Maria Assunta auf Torcello

Blick auf die Lagune vom Campanile (Torcello)

Von der Mündung des Sile-Flusses im Norden bis zur Brenta im Süden erstreckt sich eine einzigartige Landschaft zwischen Festland und Adria: die Lagune von Venedig, eine flache Bucht mit lediglich drei Verbindungen zum Meer, den „Bocche di Porto" (Lido-San Nicolò, Malamocco und Chioggia). Hier begegnet uns ein Kaleidoskop amphibischer Landschaften, eine facettenreiche Welt aus Wasser und Watt, überfluteten Sümpfen und Sandbänken. Künstlich vertiefte Kanäle und Wassergräben, *ghebi* genannt, schaffen schiffbare Verbindungen zwischen den 117 Inseln und dem Meer.

Fluchtpunkt Torcello

Im Jahr 452 plünderten und zerstörten Attilas Hunnen, 100 Jahre später Albuins Langobarden eine der reichsten Städte auf dem venetischen Festland: Altino. Seine Bewohner flüchteten sich auf die Laguneninseln; 639/640 übersiedelte der katholische Bischof von Altino nach Torcello – und machte das kleine Eiland für mehr als 1000 Jahre zum Bischofssitz. Dass die damals für unbewohnt gehaltene Insel in der Antike schon einmal besiedelt worden war, wurde erst in den 1970er-Jahren festgestellt: Bei Ausgrabungen legten Archäologen den Fußboden einer römischen Villa zwei Meter unter dem Wasserspiegel frei. Begrüßt haben sollen sich die Flüchtlinge aus Oberitalien mit der Losung „Veni etiam" („auch ich bin – hierher – gekommen"); dieser Gruß wurde zum Namensgeber von Venedig. Noch im 10. Jahrhundert war Torcello bedeutsamer als Venedig, dann aber erreichten die Gezeiten die Insel im Norden nicht mehr, das Gebiet versumpfte zur *laguna morta* („toten Lagune"), und die Angst vor der Malaria vertrieb die einst rund 20 000 Einwohner, die alles mitnahmen, was als Baustoff verwertet werden konnte. Unversehrt blieben einzig zwei Kirchen und einige Palazzi. So ist Torcello heute ein poetisches Idyll, umweht vom Hauch der Vergangenheit und Vergänglichkeit, mystisch und fast menschenleer.

Feinstes Glas aus Murano

Ursprünglich gab es auch im Stadtgebiet von Venedig *fornaci* – Öfen für die Glasherstellung. Doch im Jahr 1291 nutzte die Seerepublik einen Brand, um per Edikt das gefahrvolle Handwerk auf die nordöstlich von Venedig am Canale dei Marani gelegene Insel zu verbannen – und so auch besser vor Spionage zu schützen. Murano wurde zum Getto. Kein Glashandwerker durfte die Insel jemals verlassen; auf Preisgabe des Glasgeheimnisses oder Flucht stand die Todesstrafe. Im Gegenzug genossen die Glasbläser allerhöchstes Sozialprestige: Ihre Töchter durften in venezianische Adelskreise einheiraten – ein damals äußerst ungewöhnliches Privileg.

Auf Preisgabe des Glasgeheimnisses oder Flucht stand die Todesstrafe.

Spitzen-Insel Burano

Streng von der Serenissima kontrolliert wurde auch das Handwerk auf der Nachbarinsel Burano: die Spitzenstickerei. Fantasievoller als die Fakten – Venedig importierte die ersten Spitzen aus Byzanz und protegierte ab 1414 vor Ort deren Herstellung – erzählt eine Legende die

Santi Maria e Donato ist die schönste Kirche auf Murano.

Murano:
Glaskunst

Special

Oft kopiert ...

... und nie erreicht! Gläserne Preziosen aus Murano sind mal Kitsch, mal hohe Kunst, mal traditionell, mal trendy.

Zu den bekanntesten Murano-Glaskünstlern der Gegenwart gehört der 1965 geborene Massimiliano Pagnin, der bereits im Alter von zwölf Jahren seine freie Zeit am liebsten in der Glasmanufaktur seines Vaters verbrachte. Auch andere namhafte Glasdesigner wie Silvano Signoretto und Toni Zuccheri haben für Pagnins Glaswerkstatt gearbeitet, deren Werke heute nur noch in Museen zu bewundern sind. Vor Ort locken drei große Werkstätten und eine Handvoll kleiner Ateliers mit Schauräumen und Vorführungen im Glasblasen – es lohnt sich, dort ausgiebig zu stöbern: Nason & Moretti (Calle dietro gli Orti 12, www.nasonmoretti.it), Barovier & Toso (Palazzo Contarini, Fondamenta Vetrai 28, www.barovier.com), CAM (Piazzale Colonna 1B, www.cam-murano.com).

Erstaunlich, was aus Murano-Glas alles geschaffen werden kann.

Ursprünge dieses Traditionshandwerks. Ihr zufolge soll sich ein junger Fischer namens Polo einst auf Burano in die schöne, junge Dolfina verliebt haben. Die Vermählung war schon geplant, doch dann fehlte das Geld für ein Hochzeitsgeschenk. Da verfing sich eines Tages ein luftiges Gebilde aus Seegras im Netz, dessen Salzkruste in der Sonne funkelte. Begeistert von dessen Schönheit übergab Polo seiner Angebeteten das Geschenk des Meeres, die davon so gerührt war, dass sie darüber nachdachte, wie dieser Liebesbeweis auf ewig bewahrt werden könnte. Also griff sie zu Nadel und Faden und folgte den Linien und Knoten der Natur – damit war der *punto in aria*, ein komplizierter Luftstich und das Markenzeichen der Nadelspitze von Burano, geboren. Schon bald waren die filigranen Spitzen in ganz Europa gefragt. Mit der Französischen Revolution aber begann der Niedergang der Spitzenherstellung. Ende des 19. Jahrhunderts beherrschte nur noch eine einzige Stickerin die kunstvolle Technik. Da hatte eine Gräfin die rettende Idee: 1872 gründete Andriana Marcello die Scuola dei Merletti (ital. *merletti:* „Spitze") und verpflichtete Francesca Memo als Lehrerin – wenige Jahre später zählte die Insel wieder sieben Spitzenmanufakturen mit fast 500 Stickerinnen.

Heute heißt es genau hinschauen: Die meisten Spitzen, die entlang der Via Galuppi angeboten werden, sind maschinell hergestellte Billigimporte aus Fernost – echte Burano-Spitze ist hingegen teures Luxusgut.

Malerische Wasserspiele

Neben der Spitze ist Burano auch für seine kunterbunt getünchten Fischerhäuser berühmt, die sich malerisch im Wasser spiegeln – kein Wunder, dass die Farbenpracht seit mehr als 100 Jahren auch Maler und Fotografen auf die Insel zieht. Ihr Treff war um 1910 die Trattoria Da Romano. Dort konnten sie den Preis ihrer Mahlzeit mit einem Gemälde begleichen. Den Patrone freut's: Heute sind einige der Werke dieser „Schule von

„Auf der Landkarte gleicht die Brücke, die Venedig mit dem Festland verbindet, einer Angelschnur. Es sieht aus, als hätte Venedig angebissen."

Tiziano Scarpa

Als „Venedig im Kleinen" ...

... wird Chioggia oft bezeichnet.

Früher flanierte hier Thomas Mann, heute bevölkern Familien die Strände am Lido.

Wohin gehen wir jetzt? Flanieren und spazieren in Chioggia.

Burano“ so wertvoll, dass nur noch Kopien an den Wänden des Lokals hängen.

Verwunschene Oasen

Dicke Pfähle, *briccole* genannt, weisen den Weg zu den anderen, nicht minder malerischen Inseln der Lagune. San Francesco del Deserto etwa ist noch heute eine klösterliche Einsiedelei inmitten hoher Zypressen. Auf San Lazzaro degli Armeni studierte Lord Byron die armenische Sprache, auf San Michele ruhen die Toten, auf Le Vignole reift an Reben der berühmte Vino Salso, auf Mazzorbo bei Venissa der weiß-goldene Dorona, dessen schwarze Moretti-Flasche ein Blattgold-Etikett ziert. Genossen wird der teure Tropfen – 0,375 Liter kosten 170 Euro – zu den *castraure di Sant' Erasmo*, jungen Artischocken von den Gemüseinseln, und zu köstlichen *sparselle*, grünen schlanken Spargelstangen. Zudem ist die Turmruine ein beliebter Treffpunkt, zu ihren Füßen erstreckt sich der kleine „Bacan“-Strand.

Lido di Venezia

Noch besser am Meer relaxen lässt es sich auf der Nehrung (ital. *lido*), die von Jesolo im Norden bis Chioggia im Süden die Lagune von Venedig von der Adria trennt. Weltberühmt wurde ihr mittlerer Teil: der Lido di Venezia. Er wandelte sich in der Belle Epoque zu einem mondänen Seebad mit luxuriösen Hotels, in denen der internationale Jetset logierte. Heute haben die Prunkbauten von einst längst Patina angesetzt, leben Glanz und Glamour nur noch Ende August beim ältesten Filmfestival der Welt auf. Thomas Manns von Luchino Visconti verfilmte Novelle „Tod in Venedig“ spielt im luxuriösen Grand Hotel des Bains, wo der Gast bis heute am Privatstrand das Badeleben genießen kann wie einst Arthur Schnitzler, Karl Kraus und Georg Trakl. Oder wie Erich Maria Remarque, der hier im Jahr 1937 einer Diva begegnete, mit der er eine kurze, aber leidenschaftliche und dramatische Liebesbeziehung hatte: Marlene Dietrich.

F(R)ISCH AUF DEN TISCH?

Sage mir, was du isst, ...

... und ich sage dir, wer du bist: „Venedig ist ein Fisch“, sagt der Venezianer Tiziano Scarpa, der es wissen muss. Und was isst man in Venedig? Genau: Fisch wird in Venedig seit jeher gerne gegessen, aber von wo kommt er auf den Tisch, und wie wird er gefangen?

Glücklich ist, wer den Rialto(fisch)markt mit all seinen Leckereien gleich in der Nähe hat.

Fisch spielt in Venedig und Venetien noch immer eine wichtige Rolle, selbst wenn längst nicht mehr alles, was in Lokalen auf den Tisch kommt, wirklich Fisch aus venezianischen Gewässern ist. Das klassische Fischerboot im Mittelmeer ist weniger als zwölf Meter lang. Das macht die Mittelmeerflotte zu einer kleinen, handwerklichen Fischerei, die hauptsächlich in Küstennähe unterwegs ist. Werden weltweit jährlich rund 100 Millionen Tonnen Fisch gefangen, sind es im Mittelmeer „nur“ fünf Millionen. Von den 22 Anrainerstaaten fischt die Türkei alleine rund ein Drittel, gefolgt von Italien und Griechenland. Am stärksten befischt werden Sardine, Sardelle, Mittelmeer-Miesmuschel, Seehecht und Thunfisch, aber nicht von allen Ländern im gleichen Maß. Mit über 80 000 Tonnen jährlich liegt Italien bei den Sardellen vorne, wohingegen die Spanier mit 95 000 Tonnen Sardinen führend sind. Sardinen spielen auf italienischen Speiseplänen ohnehin eine untergeordnete Rolle – außer in Venedig: Hier kommen sie eingelegt mit Pinienkernen, Rosinen und Zwiebeln auf den Tisch; ein Rezept, das Seefahrer aus den morgenländischen Anrainerstaaten des Mittelmeeres nach Italien gebracht hatten.

Früher stammte das Angebot auf dem Mercato del Pesce (Fischmarkt), der seit über 1000 Jahren direkt am Canal Grande abgehalten wird, im Wesentlichen aus den Gewässern der näheren Umgebung. Heute liefert die Lagune aufgrund schlechter Umweltbedingungen keine reiche Beute mehr, weshalb das Meeresgetier von anderen Ecken des Mittelmeeres oder gar von anderen Meeren und aus Aquakultur stammt.

Schmackhafte Häppchen für zwischendurch oder auch Auftakt zu einem *menu italiano:* Crostini mit Brotaufstrichen, Krabben und Lachs

Was das Auge erfreut – hier ein Stockfisch-Carpaccio – schmeckt meist auch lecker

Auf dem Fischmarkt in Chioggia

Der Fischmarkt im Nachbarstädtchen Chioggia gilt als der größte Umschlagplatz für Fisch in Italien – wenn man von Malpensa absieht, dem größten Flughafen Italiens bei Mailand. Die Markthalle in dem Inselstädtchen Chioggia ist ein großes Ziegelgebäude, Versteigerungen laufen sehr diskret und leise ab. Interessenten flüstern

Heute liefert die Lagune aufgrund schlechter Umweltbedingungen keine reiche Beute mehr.

Das richtige Ambiente spielt eben auch eine Rolle: Unter dem blauen Himmelszelt, in einer lauen Sommernacht, kann doch fast nichts mehr schiefgehen ...

Regionale Spezialitäten

Eine recht spezielle Speise sind die ***mo'leche,*** auch ***mojecche*** genannt: Krabben, die dann begehrt sind, wenn sie sich im Frühjahr und Herbst gehautet und ihren Panzer abgestreift haben. Der neue Panzer ist weich, sodass die Krabben im Ganzen gegessen werden können – normalerweise bekommt man nur das in heißem Fett gebackene Fleisch aus den Beinen.

Die adriatische Fischsuppe heißt ***„brodeto"***.

Oft gibt es Fisch schlicht als ***fritto misto di mare*** oder vom Grill – frischer Fisch schmeckt so am besten.

Ein weiterer Leckerbissen ist *baccalà* (Stockfisch aus Norwegen), durch Trocknung haltbar gemachter Fisch (vor allem Kabeljau, also Dorsch). Ein deliziöses Gericht ist ***Baccalà mantecato***, feines Stockfischmus, das man – begleitet von einem Gläschen Wein – auf gerösteten Brotscheiben isst.

dem Anbieter ihren Preis ins Ohr, der gibt dem besten Bieter den Zuschlag. Lieblingsfische der Veneto-Küche sind Thunfisch, Seeteufel, Hai, Seezunge, Dorade und *baccalà* – Stockfisch aus Norwegen, den die Venezianer durch den Handel mit der Hanse kennenlernten –, ferner Krusten- und Schalentiere. Viele Arten werden in Aquakultur in der venetischen Trichtermündung gezüchtet.

Nachschub von den Bahamas

Im Podelta gilt der Aal als *die* Fisch-Spezialität schlechthin. Der ist nun nicht jedermanns Geschmack, da er extrem fett ist. Trotzdem ist das ein ganz bemerkenswerter Fisch. Verglichen mit ihm könnte man sogar Lachse als sesshaft bezeichnen: Jeder Aal, der im Podelta geangelt wird, stammt – von den Bahamas. Denn Aale schlüpfen ausschließlich dort, in der Sargassosee.

Die letzte Reise

Die Aal-Larven schwimmen mit dem Golfstrom an europäische Küsten – etwa drei Jahre dauert diese Reise. In Europa angelangt, wandeln sie sich zu etwa sieben Zentimeter langen Glasaalen, die in Schwärmen flussaufwärts in Binnengewässer steigen. Erst dort wachsen sie zu ihrer vollen Größe heran.

Weibliche Aale werden erst ab zwölf Jahren geschlechtsreif, in – sehr seltenen – Ausnahmefällen können sie bis zu 1,50 m lang werden. Dann geht es zurück in die Sargassosee. Um dafür wieder in Bäche und Flüsse zu gelangen, können Aale sogar große Abschnitte durch feuchte Wiesen zurücklegen. Auf ihrer letzten Reise legen sie innerhalb eines Jahres Strecken von über 5000 Kilometern zurück, gegen den Golfstrom und ohne zu fressen. Deshalb die Fettreserven!

Tagsüber tauchen sie auf bis zu 600 Meter Tiefe ab, nachts schwimmen sie fast an der Wasseroberfläche. Zum Laichen gehen sie in Tiefen von bis zu 2000 Metern. Nach der Paarung und dem Laichen ist ihr Leben schließlich zu Ende. Ihr Nachwuchs aber macht sich nun seinerseits auf den langen Weg zu Europas Küsten.

Mit hoher Handswerks-
kunst werden – wie
hier im Restaurant Da
Romano – traditionelle
Gerichte zubereitet. Und
das schmeckt man!

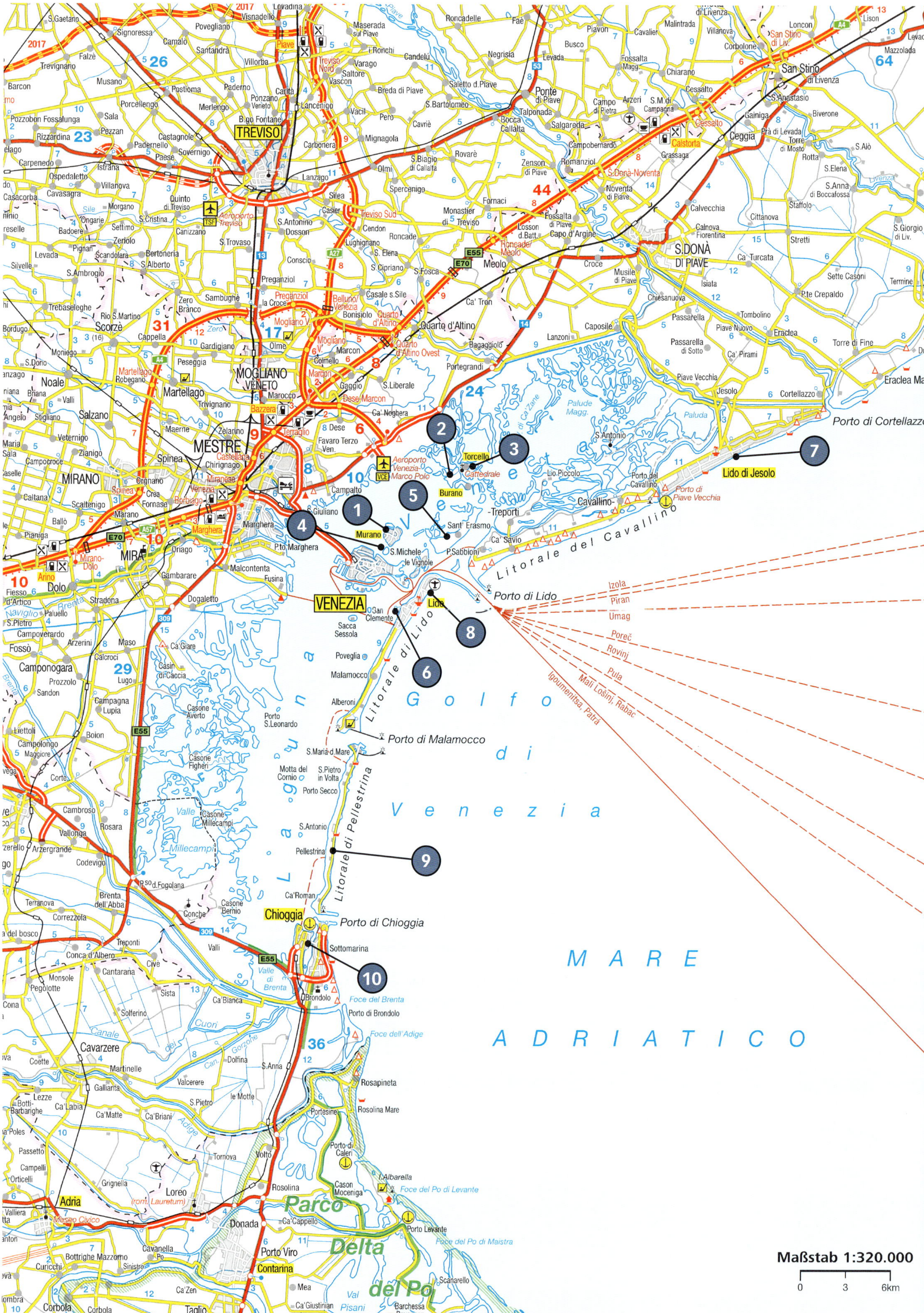

1
2
3
4
5
6
7
8
9
10
TREVISO
MOGLIANO VENETO
MESTRE
VENEZIA
Murano
Burano
Torcello
Cattedrale
S.Michele
le Vignole
Sant' Erasmo
P.Sabbioni
Lido
San Clemente
Sacca Sessola
Poveglia
Malamocco
Alberoni
Porto di Lido
Porto di Malamocco
Porto di Chioggia
Porto di Cortellazzo
Porto di Piave Vecchia
Lido di Jesolo
Jesolo
Cavallino-Treporti
Lio Piccolo
Chioggia
Sottomarina
Pellestrina
S.Pietro in Volta
Porto Secco
S.Maria d.Mare
Litorale del Cavallino
Litorale di Lido
Litorale di Pellestrina
Laguna Veneta
Golfo di Venezia
MARE ADRIATICO
Izola
Piran
Umag
Poreč
Rovinj
Pula
Mali Lošinj, Rabac
Igoumenitsa, Patra
Aeroporto Venezia-Marco Polo
Aeroporto Treviso
S.DONÀ DI PIAVE
Eraclea
Eraclea Mare
Cortellazzo
Caorle
San Stino di Livenza
Ceggia
Noventa di Piave
Quarto d'Altino
Portegrandi
Marcon
Mira
Dolo
MIRANO
Spinea
Marghera
Fusina
Campagna Lupia
Codevigo
Cavarzere
Brondolo
Foce del Brenta
Foce dell'Adige
Rosolina
Rosolina Mare
Porto Levante
Adria
Loreo
Donada
Porto Viro
Contarina
Taglio di Po
Parco Delta del Po
Foce del Po di Levante
Foce del Po di Maistra
Maßstab 1:320.000
0
3
6km

Kleine Welten in flachen Fluten

Zwischen Jesolo im Norden und Chioggia im Süden dehnt sich Italiens größte Lagune aus: die „Laguna Veneta“, eine 550 Quadratkilometer große Welt aus 117 Inseln und winzigen Eilanden, umgeben von Brackwasser, in dem bis heute Muscheln und Fische gezüchtet werden, während man am Lido di Venezia seit eh und je den Müßiggang pflegt.

1 Murano

Murano **TOPZIEL**, seit Ende des 13. Jhs. die Heimat der Glasbläser, ist eine auf fünf Inseln gelegene Miniaturausgabe von Venedig. Überfahrt Vaporetto-Linien 12, 4.1 und 4.2 ab Fondamenta Nuove, 20 Minuten.

SEHENSWERT

Die Pfarrkirche **San Pietro Martire** (1474 bis 1511) birgt mit dem Votivbild „Thronende Madonna“ (1488) eines der Hauptwerke Giovanni Bellinis. Zu den ältesten Kirchen im Lagunengebiet gehört die bereits im 7. Jh. begonnene Basilika **Santa Maria e Donato** (beide Kirchen Mo.–Sa. 9.00–12.00, 15.30–19.00, So. 15.30 bis 19.00 Uhr) mit ihrem fantasievollen Mosaikfußboden und zweistöckiger Arkadenwand im Chor.

UNTERKUNFT

Die Glasbläserfamilie Fratelli hat ihre Villa in das elegante Mittelklassehotel **€ € € Hotel Conterie** verwandelt (Calle Conterie 21, Tel. 041 5 27 50 03, www.hotelconterie.com). Arturo Giordani betreibt mit seiner Familie den geschmackvoll mit Antiquitäten eingerichteten **€ € € Murano Palace** (Fondamenta Vetrai, 77, Tel. 041 73 96 55, www.muranopalace.com/de/).

Tipp

Glaskunst in Vollendung

Auf Murano dreht sich alles ums Glas. Einen hervorragenden Überblick über die historische wie zeitgenössische Glaskunst vermittelt das Museo del Vetro im alten Bischofspalast. Es zeigt Gläser, Kronleuchter und Spiegel, für die Murano einst das Monopol besaß.

Erw. 10 €, Palazzo Giustinian, Fondamenta Giustinian 8, Murano,April–Okt. tgl. 10.00–18.00, Nov.–März bis 17.00 Uhr, http://museovetro.visitmuve.it

2 Burano

Der malerische Fischerort Burano auf vier Laguneninseln ist seit dem 16. Jh. für seine Nadelspitze Reticella berühmt. Die bunten Farben der Fassaden erklärt eine Legende: Sie dient(e) Fischern bei Nebel oder nach durchzechter Nacht als Orientierung für die Heimfahrt. *Überfahrt:* Vaporetto 12 ab Fondamenta, Nuove 40 Minuten.

SEHENSWERT

Die Ladenstraße Via Galuppi, für die im 19. Jh. ein Kanal zugeschüttet wurde, endet an der malerischen **Piazza Galuppi,** auf der ein Denkmal an den 1706 auf Burano geborenen und deshalb auch *il Buranello* genannten Komponisten Baldessare Galuppi (1706–1785) erinnert. Über eine stämmige Holzbrücke geht es nach **Mazzorbo**, wo der Saft der Dorona-Traube in blattgoldverzierte Flaschen abgefüllt wird.

MUSEUM

In der im Jahr 1872 gegründeten Spitzenschule Scuola dei Merletti, die leider 1970 endgültig schloss, präsentiert das **Museo del Merletto** (Erw. 5 €, Piazza Galuppi 187, April–Okt. tgl. 10.00–18.00, Nov.–März nur bis 17.00 Uhr, http://museomerletto.visitmuve.it) die Geschichte und Technik des Traditionshandwerks.

ESSEN

Küchenchef Ruggero von der **€ € € Trattoria Al Gatto Nero** (Fondamenta della Giudecca, Burano, Tel. 041 73 01 20, www.gattonero.com) gilt als Venedigs „Risotto-König“.

UNTERKUNFT

Zum Weingut **€ € € / € € € € Venissa** gehören sechs Gästezimmer und ein Michelin-Sterne-Restaurant (Fondamenta Santa Caterina 3, Tel. 041 5 27 22 81, www.venissa.it).

3 Torcello

In den Jahren 639 bis 1689 war die stille Insel Bischofssitz von Altino. Heute zählt Torcello statt 20 000 nur noch 13 Einwohner – und ist bei den Venezianern als romantisches Idyll für Hochzeiten und Taufen ungeheuer beliebt. *Überfahrt:* Vaporetto 12 ab Fondamenta Nuove, 45 Minuten.

SEHENSWERT/MUSEUM

An der Piazza, auf der sich inmitten von Gras der steinerne **Trono di Attila** als einstiger „Thron“ des Bischofs oder Bürgermeisters erhebt, stehen die beiden letzten der einst 16 Sakralbauten. Die romanisch-byzantinische Kirche **Santa Fosca** (11. Jh.) hat umlaufende Säulenarkaden. Die 639 gegründete und 1008 umgebaute Kirche **Santa Maria Assunta** (Erw. 5 €, März–Okt. tgl. 10.30–18.00, Nov.–Feb. 10.00–17.00 Uhr) gilt als bestes Beispiel ravennischer Baukunst in der Lagune. Ihr größter Schmuck sind die Mosaiken: Die Westwand ziert das Jüngste Gericht (12./13. Jh.), die Apsis die Gottesmutter mit den Aposteln (13. Jh). Gegenüber bergen zwei gotische Palazzi das **Museo di Torcello** (Piazza Torcello, Museum 3 €, mit Audioguide 5 €, mit Basilika 8 €, mit Basilika und Campanile 12 €, März–Okt. 13.30 bis 17.00, Nov.–Feb. 10.00–17.00 Uhr).

ESSEN

Hemingway schüttete sich karaffenweise Wein ein und verliebte sich in eine 19-jährige venezianische Schönheit, Charlie Chaplin speiste mit Genuss, und auch Prince Charles und Lady Di gaben sich in der **€ € € € Locanda Cipriani** schon die Ehre (Piazza S. Fosca 2, Torcello, Tel. 041 73 01 50, www.locandacipriani.com), dem berühmtesten der vier Lokale auf der Insel.

4 San Michele

Die Komponisten Igor Strawinsky und Luigi Nono, die Schriftsteller Ezra Pound und Joseph Brodsky sowie der Ballettimpresario Sergej Diaghilew fanden auf der zypressenbestandenen Friedhofsinsel ihre letzte Ruhe. *Überfahrt:* Vaporetto 41, 42 ab Fondamenta Nuove, 10 Minuten.

SEHENSWERT
Die strahlend weiße Kirche **San Michele in Isola,** ab 1469 von Mauro Codussi erbaut, gilt als erste Renaissancekirche von Venedig. Ein Renaissancejuwel ist auch die benachbarte **Capella Emiliana,** die Guglielmo Bergamasco um das Jahr 1530 errichtete.

5 Sant'Erasmo

Seit mehr als 1000 Jahren wird auf der Laguneninsel Gemüse angebaut und per Boot zum Rialto-Markt gebracht. Ein Erlebnis ist das Weinfest am 1. Sonntag im Oktober mit Regatta zum Auftakt. *Überfahrt:* Vaporetto-Linie 13 ab Fondamenta Nuove, 55 Minuten.

UNTERKUNFT / ESSEN
Die Kulturinitiative der Gemüseinsel betreibt das einzige Hotel des Eilandes mit Einzel-, Doppel-, Drei- und Mehrbettzimmer: **€ Il Lato Azzurro** (Via die Forti, Tel. 04 15 23 06 42, www.latoazzurro.it). Passend zum Namen schwelgt sein Restaurant in Blautönen. Hier trifft sich die Insel und genießt an Holztischen mit Gemüse von der Insel eine authentische wie köstliche mediterrane Küche. Frittiert, im Risotto oder zum Omelett kommt auch

das berühmteste Gemüse aus der Küche: die lilafarbene „castraura" – mit ihren leicht bitteren Aromen verleiht sie der Inselküche eine ganz besondere Note. Wie auch der Wein, der Inseltropfen Vino Salso mit seinem leicht salzigen Geschmack.

Tipp

Leben in Demut

Zu den schönsten Zielen in der Lagune gehört das **Klosterinselchen San Francesco del Deserto**, auf das sich 1220 der hl. Franz von Assisi nach der Rückkehr aus Palästina und Ägypten zurückgezogen hatte, um ein Leben in Demut zu führen. Dort, wo der Heilige seine Hütte hatte, errichteten die Franziskaner ein Kloster. Heute leben hier nur noch wenige Fratres inmitten stiller Wasserflächen und Sumpfwiesen, führen Besucher zu zwei wunderschönen Kreuzgängen oder laden ein, den Frieden des mit Zypressen, Pinien und Palmen bestandenen Gartens zu genießen.

INFORMATION
Vaporetto 12 bis Burano, dann Wassertaxi; Di.–So. 9.00–11.00, 15.00–17.00 Uhr; Führung kostenlos, Spenden willkommen; www.sanfrancescodeldeserto.it

6 San Lazzaro degli Armeni

Die kleine Klosterinsel diente der Seerepublik jahrhundertelang als Quarantänestation für Leprakranke. Als die Seuche zurückgedrängt war, errichtete Mechitar von Sebaste mit 17 weiteren armenischen Mönchen hier ein Kloster, das sich zu einem der bedeutendsten Zentren armenischer Kultur entwickelte. *Überfahrt:* Vaporetto 20 ab Riva degli Schiavoni/ S. Zaccaria, 15 Minuten.

SEHENSWERT
Höhepunkt der sachkundigen Klosterführung (Erw. 6 €, tgl. 15.25 Uhr, abgestimmt mit der Abfahrt ab San Zaccaria, ACTV-Linie 20 um 15.10 Uhr) sind die Bibliothek mit ihren rund 200 000 Bänden orientalischer und armenischer Schriften und ein mit Memorabilien gefülltes Zimmer, in dem Lord Byron 1816 die armenische Sprache erlernte.

7 Lido di Jesolo

Fast 6 Mio. Urlauber sonnen sich jährlich am 15 km langen Sandstrand des Seebades. Die heute 3 km im Hinterland liegende Stadt war einst römischer Hafen und Bischofssitz. *Überfahrt:* Bus/Schiff von Mestre oder San Marco (Fahrpläne: www.atvo.it).

8 Lido di Venezia

Als Schauplatz von Thomas Manns Novelle „Tod in Venedig" begeistert er Literaten, als

Torcello: in der Basilika Santa Maria Assunta (oben); Artischocken von Sant'Erasmo (links)

Austragungsort der Internationalen Filmfestspiele Cineasten. Das mondäne Seebad auf dem mittleren Teil des Nehrungsstreifens lockt seit dem 19. Jh. die Besucher mit Luxushotels, Top-Events, Golf in ungewöhnlicher Umgebung, Kasino und anderem stilvollen Dolce Vita. *Überfahrt:* Vaporetto 41, 42 ab Riva degli Schiavoni/ S. Zaccaria, 20 Minuten; Autofähre ab Tronchetto.

SEHENSWERT
Heute erinnert nur noch wenig an die noble Vergangenheit des Seebads. Der Jugendstilbau des **Hôtel des Bains** (1900) diente Luchino Visconti 1971 als Kulisse seiner Verfilmung „Tod in Venedig". Das neomaurische **Grand Hotel Excelsior** (1907) beherbergt heute Stars während der Film-Biennale, die im **Palazzo della Mostra del Cinema** (1951/52) stattfindet. Neben der Kirche **San Nicolo** am Nordende werden seit dem 14. Jh. die Juden begraben. Beim Faro Rocchetta von **Alberoni** mit seinem schönen Naturstrand setzt eine Autofähre nach Pellestrina über.

VERANSTALTUNG
Die seit 1932 Ende August/Anfang September abgehaltene **Mostra Internazionale d'Arte Cinematografica** ist Teil der Kunstbiennale (www.labiennale.org/it).

AKTIVITÄTEN
Feiner Sand und alle erdenklichen Sportangebote machen die Adriastrände zu einem Paradies für Badenixen, Sonnenanbeter und Aktive. Schwimmen, Segeln und Wasserski stehen hier ebenso hoch im Kurs wie Funsportarten. Golffreunde pilgern zur 18-Loch-Anlage des **Circolo del Golf Venezia** (Strada Vecchia 1, Alberoni, www.circologolfvenezia.it). Pedalritter können bis nach Chioggia radeln. Für Ausritte empfiehlt sich der **Circolo Ippico Veneziano** (Via Colomba 41, Lido). Tennisclubs finden sich am Lido und auf Murano.

UNTERKUNFT
Zwei Villen am Lido bilden das Drei-Sterne-Hotel **€ € / € € € Biasutti** (Via Enrico Dandolo 29, Tel. 041 5 26 01 20, www.hotelbiasutti.it/de), mit dem Vaporetto nur 10 Minuten vom Markusplatz entfernt. Den Gästen steht auch ein Privatstrand zur Verfügung.

9 Pellestrina

Auf der meerzugewandten Seite der Landzunge sind noch Teile der Murazzi (Mauern) erhalten, als letztes Großprojekt der venezianischen Republik im 18. Jh. aus istrischem Kalkstein erbaut. Im Süden schafft bei Ca' Roman eine Fähre die Verbindung nach Chioggia. *Überfahrt:* Vaporetto bis Lido, Bus oder Leihrad bis Pellestrina.

ESSEN
Zur Einkehr empfehlen sich die **€ € / € € €** **Trattoria Da Celeste** am Kai von Pellestrina (sestiere Vianelli 625, Tel. 041 96 73 55, März bis Okt., Mi. Ruhetag, www.daceleste.it) und das **€ €** **Ristorante Le Garzette** hinter dem Deich (Lungomare Alberoni 32, Malamocco, Tel. 041 73 10 78, März–Nov., nur Fr. Abend, Sa., So., http://legarzette.it).

10 Chioggia

Das Fischerstädtchen (50 000 Einw.) im Süden der Lagune hat in der von Kanälen und schmalen Gassen geprägten Altstadt sein malerisches Aussehen bewahrt. Seine Bewohner inspirierten den Komödiendichter Carlo Goldoni zu seiner Komödie „La Baruffe Chiozzotte" („Viel Lärm in Chioggia", 1762). *Überfahrt:* Vaporetto bis Lido, Bus bis Pellestrina, Fähre bis Chioggia; von Juni bis Sept. Direktverbindung per Boot, www.sottomarina.net/venezia.htm.

SEHENSWERT
Am 840 m langen **Corso del Popolo,** dem „Laufsteg der Stadt", liegen die bedeutendsten Bauwerke: die barocke Kirche **Sant'Andrea** (1743), der gotische Kornspeicher **Granaio** (um 1320), die Kirche **San Martino** in Backsteingotik (1392) und der mächtige Dom **Santa Maria Assunta,** den Baldessare Longhena 1674 im barocken Stil umbaute. Der Corso endet im Norden an der **Piazzetta Vigo,** wo Ausflugsschiffe nach Venedig ablegen und die Ponte Vigo hinüber zur **Isola San Domenico** mit der gleichnamigen Kirche führt. Den **Canale Vena** mit seinen bunten Bragozzi-Booten säumt täglich außer montags Italiens größter **Fischmarkt.** Eine Brücke verbindet Chioggia mit dem netten, lebendigen Seebad **Sottomarina** und seinem langen Sandstrand.

MUSEUM
Das **Museo Civico della Laguna Sud** präsentiert die Geschichte der Seefahrt und der Arbeit auf dem Meer (Erw. 4 €, Sept.–11. Juni Di.–So. 9.00–13.00, Sa./So. auch 15.00–18.00, 12. Juni–31. Aug. Di.–So. 9.00–13.00, Do.–So. auch 21.00–23.00 Uhr, www.chioggia.org/museochioggia).

AKTIVITÄTEN
Fähr- und Fahrradtour entlang des Nehrungsstreifens von Chioggia bis zum Lido di Jesolo, bei der die Fährfahrten nach Pellestrina, Alberoni und vom Lido di Venezia via Sant'Erasmo nach Punta Sabbioni Erholungspausen bieten.

Genießen Erleben Erfahren

DuMont Aktiv

Mit dem Boot in die Lagune

Die Lagune, das Zwischenreich zwischen Land und Meer, kann am besten auf einer Bootstour erkundet werden. Manche Anbieter bringen Gäste mehrere Tage in die entlegeneren Ecken, andere begnügen sich mit intensiven zwei Stunden in Kanälen, auf Inseln oder an Sumpfstränden und Muschelbänken.

Zu den interessantesten Touren gehören die der **Cooperativa Limosa**: Dahinter verbirgt sich ein Zusammenschluss engagierter Führer und Naturwissenschaftler, darunter auch eine Deutsche. Im Angebot sind Ausflüge zu Boot, zu Fuß und mit dem Fahrrad sowie ein- bis dreitägige Exkursionen.

Konventionellere Ausflüge bietet **ACI Venezia Tourist**, eine öffentliche Organisation, die zum Automobile Club Italiano gehört. Die Ausflugsboote fahren die bekanntesten Inseln an: Man besucht auf Murano einen Glasbläser, begutachtet Spitzen auf Burano und besichtigt die Architektur von Torcello. Los geht es um 9.00 Uhr am Landungssteg Punta Sabbioni; die Fahrt durch den Kanal Treporti in Richtung der im Norden der Lagune gelegenen Inseln dauert eine halbe Stunde.

Der ehemalige Fischer Marco Tiozzo bringt fast jeden Abend mit seinem umgebauten knallrot lackierten Fischerboot „Odysseus" Gäste und Fahrräder hinaus in die Lagune. Meist ist die Insel Pellestrina das Ziel seiner Ausflüge. Die Touren beginnen im Hafen von Chioggia und dauern in der Regel etwa zweieinhalb Stunden.

Ausflugsidyll mit farbenfroher Bebauung: Burano

Weitere Informationen

Cooperativa Limosa
Via Seismit Doda, 25
I-30175 Venezia-Marghera
Tel. (vormittags) 041 93 20 03
www.limosa.it

ACI Venezia Tourist
Via Fausta, Cavallino Treporti – Località Punta Sabbioni
Tel. 041 5 30 10 96
http://de.acivenice.com

Marco Tiozzo
IL Bragozzo Ulisse
Tel. 041 5 54 22 40
www.giteinlaguna.com

LOUIS VUITTO
IL SETTIMO SPLENDORE
Palazzo della Ragione

„Es war die Nachtigall …

… und nicht die Lerche, / Die eben jetzt dein banges Ohr durchdrang“: So versuchte Julia einst ihren Romeo zu halten, der schon den muntren Tag die dunst'gen Höhn erklimmen sah. Als moderner Romeo wäre man gut beraten, bei seiner Julia zu bleiben, in einer lauen Veroneser Sommernacht, wenn die Nachtigallen ganz anders zwitschern als zu Shakespeares Zeiten – ganze Arien singen nämlich vor antiken Mauern. Deutlich ruhiger geht es da schon in den Hügeln des Valpolicella zu. Dort reifen dreierlei Trauben, die zusammen berühmte Weine ergeben.

Blick von der Piazza Bra auf die Arena di Verona

Während sich die Fassade des Doms von Verona überwiegend romanisch präsentiert, erstrahlt sein Innenraum in gotischer Pracht (links oben und unten). Eine der schönsten romanischen Kirchen Norditaliens ist die Basilika San Zeno Maggiore mit ihrem reliefverzierten Portal (rechts oben). Begegnung zweier Welten: am Ponte Scaligero (rechts unten).

Verona ist eine lebhafte Stadt. Nicht nur im Hochsommer, wenn Touristen von überall her anreisen, um bei den Opernfestspielen versonnen mitzusingen, geht es in den Gassen lebhaft zu. Urlauber etwa vom Gardasee kommen für einen Tagesausflug vor allem zum Shopping: In der Via Mazzini gehen die Schaufenster der kleinen Boutiquen und Geschäfte nahtlos ineinander über. In den Kirchen der Stadt herrscht dagegen selten Andrang. So kann zum Beispiel, wer Sant'Anastasia besucht, meist ganz in Ruhe die schönen gotischen Fresken bewundern.

Der lächelnde Bischof

Die Brücke über die Etsch im Castelvecchio nehmen die Veroneser selbst gar nicht mehr als eine Sehenswürdigkeit wahr. Einheimische spazieren über den zinnenbekrönten, trutzigen Bogen täglich über den Fluss, ohne groß Notiz davon zu nehmen – dabei ist der Ponte di Castelvecchio sicher eine der schönsten Brücken der gesamten Region. Das Skaligerkastell, eine mächtige Trutzburg, wurde im 14. Jahrhundert von Fürst Cangrande II. della Scala errichtet.

„Die Welt hört auf, jenseits von unseren Mauern – dort ist die Hölle, Fegefeuer, Qual! Verbannt von hier, heißt aus der Welt verbannt."

Aus: William Shakespeare, „Romeo und Julia"

Die Lieblingskirche der Veroneser

Etwas weiter die Altstadt hinaus steht die Lieblingskirche der Veroneser, San Zeno Maggiore, aus weißem Tuff und rotem Marmor. Geweiht ist sie dem Schwarzafrikaner Zeno († um 372), Bischof von Verona, über dessen Grab im 5. Jahrhundert

In der Bottega del Vino in Verona

Julia-Statue in der Casa Capuleti

Veronas Piazza dei Signori mit dem Dante-Denkmal im Zentrum von oben

Special

Juliakult

„Cara Giulietta"

Rund 4000 Briefe erreichen jährlich den Club di Giulietta. Acht ehrenamtliche „Sekretärinnen der Julia" beantworten jeden einzelnen. Handschriftlich. Und filmreif, wie die Hollywoodkomödie „Briefe an Julia" (2010) zeigt. Am Valentinstag überreichen im „Haus der Julia" Stars des italienischen Kulturlebens den Preis „Cara Giulietta" an den Absender des schönsten Briefes. Seinen Höhepunkt erreicht der Juliakult im September, wenn die Stadt mit einem mittelalterlichen Fest den Geburtstag der Julia feiert. Glaubt also ganz Verona, die unglückselige Julia habe tatsächlich gelebt? Das wohl nicht: „Julia ist keine reale Gestalt", so Paola Marini, Direktorin des Castelvecchio, „aber sie ist wahr in unserer Vorstellung und in unserer Gefühlswelt."

die erste Kirche an dieser Stelle errichtet wurde. Ungewöhnlich ist, wie die bemalte Marmorgestalt links vom Altar den schwarzen Bischof darstellt: Er lächelt.

Wo Kafka und Gorki klatschten

Wenig zu lachen hatte, wer vor rund 2000 Jahren in die Arena geführt wurde. Erbaut etwa zur selben Zeit wie das Kolosseum in Rom, fanden hier Gladiatorenkämpfe statt. Nicht nur der Eintritt war frei, auch Essen und Getränke wurden kostenlos verteilt. Im frühen Mittelalter baute man dann die Arena zur Festung der Bischöfe von Verona aus. Auch das war keine friedliche Zeit: Im Jahr 1278 wurden 177 Bürger von Sirmione am Gardasee als Ketzer verbrannt. Im 18. Jahrhundert zogen dann Prostituierte in die Arkaden ein, bevor zu Giuseppe Verdis 100. Geburtstag im Jahr 1913 dort erstmals dessen „Aida" aufgeführt wurde. Damals gehörten zu den erlesenen Zuschauern auch Giacomo Puccini, Maxim Gorki und Franz Kafka.

Musikgenuss und Spektakel zugleich

So ein Opernabend in der Arena ist Musikgenuss und Spektakel zugleich. Gigantische Bühnenbilder und Massenszenen ziehen die Aufmerksamkeit auf sich. Aber auch auf den Rängen geht es turbulent zu: 22 000 Zuschauer passen in das Oval, und so konkurrieren schmetternde Tenöre mit Kissenverkäufern. Opernarien, Rotwein und Picknickkörbe – diese Mischung sollte man sich einmal gönnen.

Das Haus der Julia

Nicht minder berühmt als die Arena dürfte das Haus der Julia sein. Dort soll die Unglückselige gelebt haben, die in Shakespeares Drama so unsterblich stirbt. Die Casa Capuleti, wie das Haus offiziell heißt, ist jedenfalls nicht zu verfehlen – ständig drängen Menschen in den Innenhof, um einmal unter dem Balkon der Julia zu stehen oder die rechte Brust der Julia-Statue zu berühren – das soll nämlich (Liebes)-Glück bringen. Ob's hilft? Wer wollte angesichts der vielen kichernden Japanerinnen daran zweifeln?

Die Liebe und der Tod

Grundlage für das tragische Liebesdrama waren zwei italienische Novellen, aus denen Shakespeare sein Drama verwob. Berühmt ist der Balkon – doch Julias Balkon ist ein Sarkophag. Und zwar ganz im wörtlichen Sinn: Zu Beginn des 20. Jahrhunderts restaurierte man in Verona Mauern und Bauten; was nicht mittelalterlich erschien, wurde historisiert. Antonio Avena, der als Direktor des Museums Castelvecchio auch die Casa Capuleti, ein Patrizierhaus aus dem Spätmit-

Schön stehen die Weinstöcke bei Soave

Kreuzgang von San Giorgio (Valpolicella)

Veronas Shoppingmeile: Via Mazzini

Gnocchi

Special

Klößchen gegen die Revolte

Das Wort Gnocchi (ausgesprochen „jnokki" und nicht „gnotschi") kommt von Nockerln, österreichisch für „Klößchen". Umgangssprachlich bedeutet die Singularform *gnocco* auch „Dummkopf". In Verona herrschte zu Beginn des 16. Jahrhunderts eine schlimme Hungersnot. Verzweifelt stürmte am 18. Juni 1531 eine aufgebrachte Menschenmenge Bäckereien und raubte Brot und Mehl. Eine Revolte wurde gerade noch verhindert, als wohlhabende Bürger Proviant an die Armen verteilten: Aus Mehl und Wasser konnten die ersten Gnocchi geknetet werden. Heute gehören diese zu den typischen Gerichten des Veneto. Vor allem die Veroneser sind stolz auf ihre 400-jährige Gnocchi-Erfahrung.

telalter, verwaltete, fand das „Haus der Julia" nicht mittelalterlich genug. Etwas fehlte – eben ein repräsentativer Balkon für die entsprechende Szene in „Romeo und Julia". Avena fand, was er suchte, im Depot seines Museums Castelvecchio: einen Sarkophag. Steinmetze bearbeiten das Relikt aus den Tagen der Scaliger und wuchten es im Jahr 1936 in den zweiten Stock der Casa Capuleti. Dort prangt der Sarkophag nun an der Mauer zum Innenhof. *L'amore e la morte,* die Liebe und der Tod, sind im Italienischen ein Reimpaar. Passender hätte Avena sie nicht zusammenfügen können.

Das Tal der vielen Keller

„Für unseren Wein nehmen wir nur unsere eigenen Trauben", sagt Pierangelo Tommasi. Das ist beileibe keine Selbstverständlichkeit, denn viele Weinkeller kaufen Ernte dazu, und nicht immer aus der Umgebung. Die Viticultori Tommasi sind seit vier Generationen ein reiner Familienbetrieb: Neun Geschwister und Cousinen betreiben das Weingut und ein angeschlossenes Hotel. Zu Hause sind sie im Valpolicella; das sanfte Hügelland nördlich von Verona streckt seine Erhebungen wie fünf Finger einer Hand in die Ebene aus. Schon die Römer produzierten Wein in der Region, deren Name eine Mischung aus Griechisch und Latein sein soll: *val-poli-cella* – das Tal der vielen (Wein-) Keller. Valpolicella heißt auch der hier hauptsächlich hergestellte Wein. Eine Traube diesen Namens gibt es jedoch nicht, jeder „Valpolicella" ist ein Verschnitt mehrerer Rebsorten, „Cuvée" genannt. Knapp zwei Drittel liefert die Corvina-Traube; die „Königin", wie Pierangelo sie nennt, gibt dem Wein den Körper. Dazu ein knappes Drittel Rondinella für eine satte Farbe und etwa zehn Prozent Molinara „für einen sanften Touch".

Kistenweise reife Trauben

Während der Valpolicella auch gut zu einem leichten Mittagessen passt, begleitet dessen edlerer Bruder eher das große Dinner: Der Amarone schmeckt intensiv nach Trauben und wird in einem nur hier gebräuchlichen Verfahren gekeltert: Nach der Weinlese im September trocknen die Trauben bis Ende Februar ausgebreitet in gut belüfteten Räumen. Dann haben sie fast die Hälfte an Gewicht verloren, dafür aber jede Menge Aroma gewonnen. Für eine Flasche Amarone braucht man drei Kisten Trauben. Doch obwohl der Amarone das Renommierprodukt ist, füllt Tommasi nur etwa zehn Prozent seiner rund 900 000 Flaschen jährlich mit diesem Spitzenwein. Denn der Valpolicella ist noch immer der meistverkaufte Wein dieser Region.

OPERNFESTSPIELE IN VERONA

Musik und Spiele

Die Arena di Verona ist das drittgrößte erhaltene römische Amphitheater, nach Rom und Capua – aber für Freunde des populären Belcanto ist sie unübertroffen: die größte und schönste Open-Air-Opernbühne der Welt, Fakten hin oder her.

Sicher: Die Puristen des Operngeschmacks rümpfen hier gern die Nase. Aber was soll's: Wer lyrisches Kammerspiel sucht, ist hier falsch, wer große Oper liebt, genau richtig. Das wissen auch Profis wie Plácido Domingo. Der Maestro wurde im Sommer 2009 zum Superstar der Festspiele, als er dort sein 40-jähriges Arena-Bühnenjubiläum feierte – am Dirigentenpult und mit einem Gala-Abend. Am 16. Juli 1969 hatte Domingo als damals 28-Jähriger in der Puccini-Oper „Turandot" sein Debüt in der Arena di Verona mit der Rolle des Calaf gegeben, des letztlich glücklichen Bewerbers um die Hand der Prinzessin Turandot.

Zweimal Tosca

Auch internationale Rock- und Pop-Stars treten hier auf, vor allem aber italienische Liedermacher. Legendär wurde ein Auftritt Claudio Baglionis in den 1980er-Jahren; 20 000 Zuschauer wichen trotz heftigen Platzregens nicht. „Die „Unbeugsamen" nennen sich seine Fans seither. Und Lucio Dalla führte im September 2009 hier sein Musical auf, das nicht zufällig „Tosca Amore Disperato" heißt: Dallas Musical erzählt die gleiche tragische Liebesgeschichte wie Puccinis Oper.

Kein Ort für Populisten

Sogar für politische Demonstrationen liefert die Arena die Kulisse. Das musste in einer „Nabucco"-Aufführung auch Umberto Bossi erfahren, der Rechtspopulist und Vorsitzende der Lega Nord, die eine Abspaltung des reichen Nordens vom armen Süden Italiens fordert. Als der Gefangenenchor auftrat, ertönten im Publikum laute „Viva Verdi"-Rufe. Und das war keineswegs nur eine Hommage an den Komponisten: Denn „Verdi" steht seit dem 19. Jahrhundert, als Italien für seine Einheit kämpfte, auch für „Vittorio Emanuele Re d'Italia". Wer also in Italien „Viva Verdi" ruft, der bekennt sich zur Einheit des Landes und gegen den Separatismus. Oper ist populär, aber Populisten haben hier nichts zu suchen: So lautete die unmissverständliche Botschaft des Publikums. Bossi verstand – und verschwand.

Oben: der Kostümschneider Stefano Nicolao bei der Arbeit. Unten: Man muss es einmal erlebt haben, wenn das ganze Rund zum Opernchor avanciert und mitsingt bei „Va pensiero", der heimlichen italienischen Hymne.

Stammgast in der Arena di Verona: der italienische Liedermacher und Sänger Claudio Baglioni

Auskunft & Information

Eine musikalische Einführung für Opernliebhaber

Vor jeder Opernaufführung in der Arena wird im Palazzo della Gran Guardia an der Piazza Bra eine Informationsveranstaltung organisiert.

Opera in Love – Romeo und Julia

Am Grab von Julia lassen Opernsänger, Schauspieler und Tänzer das berührende Werk von William Shakespeare von Ende Juni bis Ende August jeden Montag um 20.30 Uhr als ein romantisches Vergnügen wieder lebendig werden – nach der Aufführung werden im Innenhof Weine verkostet und kleine Köstlichkeiten genossen, ehe sich um 22.30 Uhr der Vorhang senkt (Via del Pontiere 35, Erw. 29 €, www.operainlove.it).

www.anteprimaopera.it; Tickets für Opernvorstellungen: www.arena.it; App zum Opernfestival in der Arena für Android (GooglePlay) und iPhone (iTunes).

Maßstab 1:320.000
0
3
6km
1
2
3
4
Rovereto
Riva del Garda
Torbole
Malcesine
Limone sul Garda
Lago di Garda
Garda
Bardolino
Lazise
Peschiera
Parco d. Lessinia
Bosco Chiesanuova
Recoaro Terme
Valdagno
Schio
Arzignano
Montecchio Maggiore
Soave
San Bonifacio
Lonigo
Legnago
Verona
Villafranca di Verona
Valeggio sul Mincio
Isola della Scala
Bovolone
Cerea
Mantova
Parco del Mincio

Der Wein, die Liebe, der Gesang

Verona und sein Umland bilden den westlichsten Teil des Veneto.Von der Etsch steigt die Landschaft an in die Hügel des Valpolicella. Geborgen in einer Etschschlaufe liegt Veronas Altstadt mit einem der berühmtesten Open-Air-Konzertsäle.

1 Verona

Nach Venedig ist Verona (rund 260 000 Einw.) nicht nur die bekannteste Stadt des Veneto, sondern auch die meistbesuchte. Verona war schon zu Zeiten der Römer eine bedeutende Stadt, ihre Lage am Ende des wichtigen – und einfachen – Alpenpasses über den Brenner prädestinierte sie dazu. So trafen sich hier drei römische Straßen: die Via Claudia, die Nordverbindung, sowie nach Ost und West die Via Postumia und die Via Gallia. Aus der Römerzeit stammt denn auch das bekannteste Gebäude der Stadt, die Arena. Nachdem die Römer das Innere der einen Etschschleife mit einem Schachbrett-Grundriss überzogen und eine mächtige Stadt gebaut hatten, okkupierten die Goten den Platz. Theoderich der Große – in der deutschen Sagenwelt als Diedrich von Bern bekannt – machte um 500 n. Chr. Verona zur Königsstadt der Völkerwanderung. Im 13. Jh. residierten die Scaliger, 1387 wurden diese von den Visconti aus Mailand abgelöst, 1405 streckte die Serenissima ihre Finger nach der Stadt aus. Unter deren Herrschaft blieb Verona über 400 Jahre – der venezianische Löwe, Symbol Venedigs, wurde so auch das Symbol Veronas.

Junge(r) Römer vor der Arena di Verona, leckere Oliven auf dem Markt und Kunst im Castelvecchio

SEHENSWERT

Zentrum Veronas ist bis heute die **Arena di Verona** TOPZIEL auf der Piazza Bra. Das römische Amphitheater, im ersten Jahrhundert außerhalb der römischen Stadtanlage errichtet, wurde durch Erdbeben im 12. Jh. beschädigt; von der imposanten Außenmauer stehen nur noch vier Arkaden (Piazza Bra, Erw. 10 €, Di.–So. 8.30–19.30, Juni–Sept. auch Mo., bei Aufführungen bis 15.30 Uhr, www.arena.it). Durch die **Via Mazzini,** Veronas schickste Promenier- und Einkaufsstraße, gelangt man in die Via Cappello zum Haus der Julia, offiziell **Casa Capuleti** genannt. Das Haus ist ein Patrizierpalast aus dem 14. Jh. (Via Cappello 23, Tel. 045 8 03 43 03, Erw. 6 €, Kombiticket mit der Tomba di Giulietta, 7 €, Okt.–Mai am 1. So. im Mo. 1 €, Di.–So. 8.30–19.30, Mo. 13.30 bis 19.30 Uhr). Die **Piazza Erbe** ist sicher der schönste Platz Veronas. Hier wird täglich ein Gemüsemarkt abgehalten, es gibt aber auch Souvenir-Krimskrams und nette Restaurants. Von der **Torre dei Lamberti,** dem Wehrturm des Palazzo del Comune, hat man einen schönen Blick über die Stadt (Erw. 8 € inkl. Galleria d'Arte Moderna Achille Forti, Di.–Fr. 10.00–18.00, Sa./So. 11.00–19.00 Uhr, Juni–August Di.–So. 11.00–19.00 Uhr). Die **Piazza dei Signori** bildet das weltliche Zentrum Veronas. Das Dante-Denkmal dort erinnert daran, dass der aus Florenz vertriebene Dichter in Verona am Hof der Scaliger Zuflucht fand. Die **Arche Scaligere** – die Grabmäler des Herrschergeschlechts – werden gekrönt von einer lebensgroßen Reiterstatue des Cangrande I. (Original im Castelvecchio). Die Dominikanerkirche **Sant'Anastasia** am Ende des gleichnamigen Corso wurde von 1290 bis 1481 erbaut. Zu den Kostbarkeiten im Innenraum zählt das Fresko des hl. Georg von Pisanello (Erw. 3 €, März–Okt. Mo.–Sa. 9.00–18.00, So. 13.00–18.00, Nov. bis Febr. Mo.–Sa. 10.00–17.00, So. 13.00–17.00 Uhr). Die Via del Duomo führt zum Dom **Santa Maria Matricolare**, einem monumentalen romanischen Bau, der innen gotisiert wurde. Bemerkenswert sind die Fresken von Falconetto (1503) sowie Tizians „Mariä Himmelfahrt" in der ersten linken Seitenkapelle (Piazza Duomo 13, Erw. 3 €, März–Okt. Mo.–Sa. 10.00 bis 17.30, So. 13.30–18.00, Nov.–Febr. Mo.–Sa. 10.00–17.00, So. 13.30–17.00 Uhr, www.cattedralediverona.it). Am anderen Etschufer liegt das **Teatro Romano** (Anfang 1. Jh. n.Chr.). Auch hier finden im Sommer Konzerte statt. Weiter westlich an der Etsch liegt das **Castelvecchio**: Diese mächtige Scaligerburg, das

Tipp

Günstig durch Verona

Die **VeronaCard** ist Ticket für Museen, Kirchen, Sehenswürdigkeiten und öffentliche Verkehrsmittel in der Stadt (www.veronacard.it). Man bezahlt für zwei Tage 15 €, für fünf Tage 20 €. Erhältlich ist die Karte in jedem Museum. Den Besuch der vier Hauptkirchen Duomo, San Zeno, Sant'Anastasia und San Fermo vergünstigt ein **Kirchenpass** (Erw. 6 €, www.chieseverona.it).

größte Bauwerk der Scaligerzeit, entstand 1354. **San Zeno Maggiore** im Westen der Altstadt gilt als Lieblingskirche der Veroneser. In der Krypta ruhen die Gebeine des namensgebenden Bischofs Veronas aus dem 4. Jh. Zu den Kostbarkeiten der Stadt zählt das Portal des Gotteshauses: Es ist mit 48 Bronzeplatten verziert, die Szenen aus dem Alten und Neuen Testament zeigen (Piazza San Zeno, Erw. 3 €, März–Okt. Mo.–Sa. 10.00–18.00, Juli/Aug. bis 18.30, So. 12.30–18.00, Nov.–Febr. Mo.–Sa. 10.00–13.00, 13.30–17.00, So. 12.30–17.00 Uhr, www.basilicasanzeno.it).

MUSEEN

Im **Museo di Castelvecchio** (Erw. 6 €, Di. bis So. 8.30–19.30, Mo. ab 13.30 Uhr, https://museodicastelvecchio.comune.verona.it) ist außer der originalen Reiterstatue von Cangrande I. della Scala Malerei des Veneto vom 14. bis zum 18. Jh. zu sehen, von Bellini über Tintoretto zu Tiepolo. Das **Museo Civico di Storia Naturale** zeigt eine umfangreiche prähistorische Fossiliensammlung (Palazzo Pompei, Lungadige Porta Vittoria 9, Erw. 4,50 €, Mo.–Do. 9.00–17.00, Sa/So 14.00–18.00 Uhr, www.museostorianaturaleverona.it). Das **Museo Africano** wurde von der Mission der Comboniani eingerichtet, deren Gründer aus Limone am Gardasee stammt. Es zeigt Kunst und Haushaltsgegenständen aus Schwarzafrika (Erw. 5 €, Vicolo Pozzo 1, Mo.–Sa. 9.00 bis 12.30, 14.30–16.00, So. 14.00–18.00 Uhr, www.museoafricano.org).

MARKT

Tgl. auf der **Piazza Erbe**, Di. und Fr. vor der Kirche **San Zeno**, Mi. und Fr. an der **Porta Vescovo**, jeden 3. Sa. im Monat der „Mercato 3A" (Artigianato, Arte, Antiquario) auf der **Piazza San Zeno**.

VERANSTALTUNGEN

Die berühmteste Veranstaltung Veronas sind die **Opernfestspiele,** die jeden Sommer in der Arena stattfinden. Karten sollten weit im Voraus gebucht werden – am günstigsten und zuverlässigsten online über „geticket", den Buchungsservice der Arena di Verona (www.geticket.it/de). Telefonisch sind Kartenbestellungen Mo.–Sa. 9.00–18.00 Uhr unter der Nummer 04 58 06 46 85 möglich. Informationen zu Vorstellungen und Besuch der Arena erteilt das Call-Center unter Tel. 045 8 00 51 51. Im **Teatro Romano** gibt es zwischen Juli und September Theater, Tanz und Jazz (Karten im Palazzo Barbieri, Piazza Bra, Ecke Via Leoncino 61, Tel. 045 8 06 64 85, www.estateteatrale veronese.it).

ESSEN

In der **€ € € Trattoria Tre Marchetti** an der Piazza Erbe wird Veroneser Küche serviert; das Lokal zählt zu den besten der Stadt und wurde mehrfach ausgezeichnet (Vicolo Tre Marchetti 19/b, Tel. 045 8 03 04 63, www.tremarchetti.it). Die **€ Osteria Giulietta e Romeo** liegt mitten im touristischen Trubel und ist doch günstig und gut, der Service rasch und freundlich. Die

Ob Romeo oder Ramona: Julia ist nach wie vor begehrt in Veronas Casa Capuleti.

Küche bietet Veroneser Spezialitäten (Corso S. Anastasia 27, Tel. 045 8 00 91 77, So. geschl., www.osteriagiuliettaeromeo.it).

UNTERKUNFT

Zentral gelegen ist das gediegene **€ € € Hotel Accademia** (Via Scala, 12, Tel. 045 59 62 22, www.hotelaccademiaverona.it). Ein kleines Juwel in einer Seitenstraße der Haupteinkaufsmeile ist das **€ €/€ € € Guiletta e Romeo Hotel** (Vicolo Tre Marchetti 3, Tel. 045 8 00 35 54, www.giuliettaeromeo.com), das sogar Leihräder für seine Gäste bereithält.

INFORMATION

IAT Verona, Via degli Alpini 9, I-37121 Verona
Tel. 045 8 06 86 80, www.tourism.verona.it

2 Valpolicella

Die Wurzeln der berühmten Weinbauregion in den Hügeln nördlich von Verona liegen weit in der Vergangenheit.

SEHENSWERT

Das Valpolicella durchstreift man am besten an einem Tag, gemütlich von Ort zu Ort, mit Zwischenstopps auf Weingütern, bei Villen oder Trattorien. In **San Giorgio di Valpolicella** wartet die romanische Kirchen- und Klosteranlage (8.–12. Jh.) mit einem hübschen Kreuzgang und einem Ziborium (Messkelch zur Aufbewahrung der Hostien) von 712. In **Pedemonte** (ausgeschildert) lohnt das Weingut Santa Sofia einen Besuch; es ist in die Villa Sarego Boccoli eingezogen, die Palladio entworfen hatte. In **Negrar** kann der im 18. Jh. entworfene Park der Villa Rizzardi besichtigt werden (Erw. 8 €, Giardino di Pojega, www.pojega.it, April–Okt. Do., Sa. 15.00–19.00 Uhr). Der **Ponte di Veja** gilt als größte Naturbrücke Europas: Der natürliche Felsbogen ist 50 m hoch und 17 m breit und bildete sich beim Einsturz des Innengewölbes einer Karsthöhle. Unter den Felsbrocken des Höhlengewölbes wurden Spuren aus der Altsteinzeit entdeckt. Die Brücke liegt in der Nähe von Sant'Anna d'Alfaedo, im Norden des Valpolicella; man fährt von Fane aus in Richtung Sant'Anna d'Alfaedo bis zur Abzweigung am Restaurant „Croce dello Schioppo", dort in Richtung Giare und dann nach Ponte di Veja.

MUSEEN

Die Entwicklung des Weinbaus in den letzten zwei Jahrhunderten dokumentiert das **Museo del Vino** (Erw. 5 €, Via Castello 22, Illasi, Tel. 045 7 65 00 74, www.villacanestrari.com, Mo.–Fr. 8.00–12.30, 14.00–18.00, Sa. 9.00–13.00 Uhr), das regelmäßig Verkostungen und Kurse abhält.

AKTIVITÄTEN

Entlang der **Strada del Vino Valpolicella DOC** haben sich 90 Kellereien zusammengeschlossen. Fast überall kann man Wein probieren und kaufen. Eine Karte mit Adressen gibt es beim Fremdenverkehrsamt, weitere Infos auf www.stradadelvalpolicella.com und beim Consorzio Tutela Vini Valpolicella, Tel. 340 7 79 98 28.

INFORMATION

I.A.T. Valpolicella, Piazza Vittorio Emanuele 15
I-37010 Sant'Ambrogio di Valpolicella (VR)
Tel. 045 6 86 11 92, www.valpolicellaweb.it

3 Bosco chiesanuova (Lessinia)

Lessinia nennt sich das Berggebiet nördlich des Valpolicella, das im Westen an die Etsch grenzt. Es ist für Sommerurlaub und Wintersport gleichermaßen geeignet. Dazu gehören auch die 13 sogenannten zimbrischen Gemeinden mit dem Hauptort Giazza.

SEHENSWERT

In **Monteforte d'Alpone** befindet sich im Bischofspalast mit Kreuzgang eine Enoteca (Mo. geschl.). In **Bolca**, ganz im Südosten der Lessinia gelegen, war vor rund 50 Mio. Jahren eine Tropenlagune – Fossilien im Ortsmuseum.

MUSEEN

Das **Museo dei Cimbri** dokumentiert Haushaltsgegenstände und die Sprache der Zim-

San Zeno Maggiore im Westen der Altstadt gilt als Lieblingskirche der Veroneser.

bern (Giazza, Via di Sopra 62, Erw. 4 €, Juli, Aug. Do., Sa., So. 15.30–18.30, Sept.–Juni Sa., So. 15.00–18.00 Uhr, www.lessiniamusei.it, www.cimbri.it). Das **Museo Civico Etnografico La Lessinia: L'Uomo e L'Ambiente** widmet sich der Bevölkerung der Lessinia, es zeigt Almwirtschaft, Milchverarbeitung und Köhlerei (Bosco Chiesanuova, Via Spiazzi 4, www.boscochiesanuova.net, Erw. 1,50 €, Jul./Aug., Weihnachtsferien Di., Sa., So. 17.00–19.00 Uhr). Das Fossilienmuseum **Bolca** beherbergt Fundstücke aus der Umgebung des Dorfes (Erw. 4 €, Via S. Giovanni Battista, Nov.–Feb. Di.–So. 10.00 bis 12.00 u. 14.00–17.00, März–Okt. ab 9.00 Uhr, www.museodeifossili.it).

UNTERKUNFT
Ein gemütliches, recht alpines Hotel ist das Drei-Sterne Haus **€ Hotel Lessinia in Bosco** Chiesanuova, mit hauseigener Gelateria (Piazzetta Alpini 3, Tel. 045 6 78 01 51, www.hotellessinia.it).

INFORMATION
IAT di Bosco Chiesanuova, Piazza della Chiesa 34, 37021 Bosco Chiesanuova, Tel. 045 7 05 00 88, www.provinciadiveronaturismo.it

4 Soave

Soave (7200 Einw.), bekannt für den gleichnamigen Wein, hat seine Stadtmauer aus dem 14. Jh. vollkommen erhalten können. Diese zieht sich auch den Burghügel hinauf. Das dortige Kastell wurde schon von den Römern angelegt, später immer weiter ausgebaut, zuletzt von den Venezianern.

SEHENSWERT
Der **Palazzo Cavalli** wurde 1411 (Freskenreste an der Fassade) vom venezianischen Statthalter erbaut. Die **Pfarrkirche** baute man zuletzt im 19. Jh. um. Im zinnengeschmückten **Palazzo di Giustizia** (1375) gibt es im Erdgeschoss ein nettes Café. Das **Skaligerkastell** erreicht man über eine lange Treppe den Hügel hinauf oder auch mit dem Auto. Im höchsten der drei Innenhöfe gibt es einen alten Brunnen, man kann die Waffenkammer und einige Säle besichtigen, schön ist auch der Blick von oben über die Stadt (Erw. 7 €, im Sommer Di.–So. 9.00–12.00 und 15.00–18.30, im Winter Di. bis So. 9.00–12.00 und 14.00–16.00 Uhr, www.castellodisoave.it).

UMGEBUNG
Nördlich der Stadt zieht sich das gleichnamige Weinanbaugebiet in die Hügel. Der Soave ist ein Weißwein auf der Grundlage der Garganega-Traube. Die **Strada del Soave** führt zu Kellereien (Associazione Strada del Vino Soave, Soave, Via Mattielli 11, Tel. 045 7 68 14 07, www.stradadelvinosoave.com).

INFORMATION
I.A.T. Est Veronese, 37038 Soave, Foro Boario 1, Tel. 045 6 19 07 73, www.soaveturismo.it

Genießen Erleben Erfahren

DuMont Aktiv

Ausflug zu den Kaskaden

Italiener lieben Wasserfälle: kein Wunder in einem Land, in dem es im Sommer lange trocken sein kann. So wird man an den Cascate di Molina im Parco delle Cascate viele italienische Familien antreffen, die ein ums andere Mal ausrufen: „Ma! Che bello!"

Der Parco delle Cascate umfasst etwa 150 000 Quadratmeter. Er gehört zum Naturpark Lessinia und liegt unweit des mittelalterlichen Städtchens Molina. Auf verschiedenen Rundwegen kann man Wasserfälle, Höhlen und Schluchten erkunden.

Früher wurde das Wasser zum Antreiben einiger Mühlen (ital. *moline*) verwendet, nun speist es nur noch die üppigen Wasserfälle, die Cascata verde (grüner Wasserfall), die Cascata del pozzo dell'orso (der Wasserfall des Bärenbrunnens), die Cascata del marmittone (der Wasserfall des ausgehöhlten Felsens) und die Cascata spolverona (der Wasserfall des zerstäubten Wassers).

Auch eine Alm liegt im Park: Die *malga turnaria* ist eine genossenschaftlich betriebene Käserei, die 1879 gegründet wurde. Jeden Morgen brachten die Bauern ihre frisch gemolkene Milch, reihum waren sie mit der Käseproduktion dran, manchmal wurde auch ein Senn eingestellt. Es gibt zwei Räume: den Feuerplatz (*logo del fogo*, dort wurde die Milch gekocht und der Käse hergestellt) und den Milchplatz (*logo del late*, für die frische Milch). Die Alm schloss 1981, wird aber heute als Schaukäserei betrieben. Bei einer geführten Tour zu den Wasserfällen und dann zur Alm können sich die Besucher zeigen lassen, wie Käse gemacht wird. Dabei dürfen sie auch mit anpacken und anschließend selbst gemachten Ricotta mit nach Hause nehmen.

Auch das botanische Museum im alten Schulhaus in Molina lohnt einen Besuch. Zu sehen sind 300 Pflanzenarten, unter ihnen viele Orchideen. Gewidmet ist das Museum dem Biologen und Wissenschaftler Giovanni Zantedeschi, geboren 1773 in Molina. Als Dank für seine Forschungen wurde eine Blume nach ihm benannte, die Calla Zantedeschia.

Im Parco delle Cascate plätschern gleich mehrere Wasserfälle.

Weitere Informationen

Käse, Wasser und Blumen
Der gesamte Rundgang im Park beansprucht etwa drei Stunden (April–Sept. tgl. 9.00–19.30, Okt. und März 10.00–18.00 Uhr; Nov.–Feb. geschl., Eintritt 6 €).

Via Bacilieri 1,
Molina di Fumane
Tel. 0457 72 01 85,
www.parcodellecascate.it

Edle Villen auf dem Land

In der fruchtbaren Landschaft zwischen Padua und Vicenza wuchs der Reichtum der Serenissima weiter – man baute sich edle Villen als Herrschaftshäuser auf dem Land. In den Städten aber formten sich Geistesgrößen: In Vicenza wirkte Palladio die meiste Zeit seines Lebens, in Padua konnte Galileo Galilei ungehemmt forschen, und hier setzte sich auch zum ersten Mal eine Frau ihren Doktorhut auf.

Durch die Blume gesehen: Die Villa der venezianischen Kaufmannsfamilie Pisani in Stra an der Riviera del Brenta

Villa Rotonda bei Vicenza: Über ihren Architekten wurde gesagt, bei ihm sei alles Proportion, alles Symmetrie, alles nachtwandlerisch guter Geschmack. Dessen Beiname „Palladio“ verweist auf Pallas Athene, die Antike als Vorbild und Ideal.

Feinkostgeschäft Il Ceppo in Vicenza: Der Parmigiano ist schon abgepackt …
und im Laden strahlt man um die Wette.

In Vicenzas Casa Pigafetta verschmelzen lombardische und spanische Einflüsse.

Vicenzas Piazza dei Signori – eleganter Freilichtsalon und einer der schönsten Plätze in Italien – erstreckt sich an der Stelle, wo früher das römische Forum stand.

War der Mensch im Mittelalter eingebunden in eine feste Weltordnung, entdeckte er in der Renaissance das Individuum und somit den Lebensgenuss.

In Vicenza und Umgebung zeigt sich deutlich, wie Venedigs Krise das Land veränderte. Die Türken siegten auf dem Mittelmeer, Amerika wurde entdeckt, mit dem Welthandelsmonopol der Serenissima ging es zu Ende. Venedig brauchte neue Märkte und Ressourcen und fand diese vor der Haustür. Die Seemacht Venedig begann sich ab dem 15. Jahrhundert auf dem Festland auszubreiten. Die Städte im Hinterland wurden bedeutsamer, ihr Umland auch. Hinzu kam eine sich anbahnende neue Sicht auf die Welt. War der Mensch im Mittelalter eingebunden in eine feste Weltordnung, entdeckte er in der Renaissance das Individuum und somit Lebensgenuss und Festfreude.

Dieses neue Selbstbewusstsein verlangte nach repräsentativen Bauten, und der Geist der Zeit konnte sich als adäquate Behausung nichts Schöneres vorstellen als eine Rückbesinnung auf die Antike, eben die „Wiedergeburt“ – Renaissance – klassischer Schönheitsideale. Dies schuf in der Architektur wie kein anderer Palladio, über den gesagt wurde, bei ihm sei alles Proportion, alles Symmetrie, alles nachtwandlerisch guter Geschmack. Palladios Stil verbreitete sich von Italien aus in der Welt: Selbst das „Weiße Haus“ in Washington ist eine typisch palladianische Villa.

Petrarca in Arquà Petrarca

Ein Vorläufer dessen, was später die berühmten Villen des Veneto wurden, steht in Arquà Petrarca, einem Dorf in den Euganeischen Hügeln südlich von Padua. Dort habe er sich ein kleines, anmutiges Haus gebaut, schrieb Francesco Petrarca 1371. „Hier verbringe ich friedvoll die letzten Jahre meines Lebens, gedenke der fernen, verstorbenen Freunde und umarme sie in stetiger Erinnerung.“ Damals war Petrarca der berühmteste Dichter Italiens. Sein Haus ist klein und gemütlich mit geduckten Zimmern und einer angenehmen Atmosphäre – eben so, wie man sich eine Dichterklause vorstellt: keine Festung, sondern ein Heim mit Bibliothek und Wohnräumen.

Eine Fahrt auf der Brenta

Auf seiner Reise nach Rom war Goethe im Veneto auch per Schiff unterwegs. Im September 1786 fuhr er von Padua nach Venedig. Die Fahrt auf der Brenta mit dem öffentlichen Schiffe sei, so schrieb Goethe, anständig und angenehm, „da die Italiener sich voreinander in acht nehmen. Die Ufer sind mit Gärten und Lusthäusern geschmückt, kleine Ortschaften treten bis ans Wasser, teilweise geht die belebte Landstraße daran hin.“ So eine Schiffstour, am besten in einem historischen *barchiello*, zeigt bis heute

Arquà Petrarca: Blick auf die Euganeischen Hügel. Der Dichter beschrieb den Ort, in dem er seine letzten Lebensjahre verbrachte, nach dem antiken Sitz der Musen als „mein zweites Helikon".

Der Palazzo Chiericati, ein zweistöckiger Stadtpalast in Vicenza, wurde von Palladio 1551 im Auftrag des Grafen Girolamo Chiericati leicht erhöht errichtet, um das Gebäude vor Überschwemmungen zu schützen. Heute beherbergt es die Städtische Kunstgalerie.

Die Villa Pisani in der Nähe von Padua – die fünfflügelige schlossähnliche Anlage hat über 100 Zimmer.

Special

Palladio – Form und Vollendung

Göttlich erscheinende Architektur ...

... nach menschlichem Maß: Palladio wurde 1508 als Andrea di Pietro della Gondola in Padua geboren. Der adlige Humanist Trissino erkannte in dem Analphabeten das außergewöhnliche künstlerische Talent, ließ ihn in Rom ausbilden und verlieh ihm den Namen, unter dem er unsterblich wurde: Palladius – nach Pallas Athene, Göttin der Weisheit.
Die meiste Zeit lebte Palladio in Vicenza, aus dieser Stadt formte er ein architektonisches Zentrum der Renaissance. So entwarf er etwa 1546 die Basilica Palladiana, 1580 das Teatro Olimpico, Palladios letzter Bau für die Stadt, der er – zusammen mit seinen in Venetien errichteten Villen – einen Platz auf der Liste des UNESCO-Welterbes sicherte. Auch in Venedig gestaltete Palladio die Stadt um. Der Doge betraute ihn mit der Gestaltung einer neuen Fassade von San Pietro di Castello. Danach erhielt er den Auftrag zum Neubau von San Giorgio und schließlich baute er 1576 im Auftrag der Signoria die Votivkirche Il Redentore auf Giudecca.

Palladios Teatro Olimpico in Vicenza

Sein letzter Sakralbau war der Tempietto Barbarano, eine Kapelle für die Familie seines Mäzens Marcantonio Barbaro. Deren Vollendung erlebte Palladio nicht mehr; er starb am 19. August 1580.

das Veneto von seiner schönsten Seite. Die weniger schönen Seiten sollte man aber auch nicht verschweigen: Gerade die Gegend zwischen Venedig und Padua ist arg zersiedelt mit banalster Architektur bei Privathäusern, Fabriken, Einkaufszentren. Häufig steht der Verkehr kurz vor dem Kollaps – man sollte genug Zeit einplanen, wenn man etwa mit dem Mietwagen zum Flughafen in Venedig fährt. Im Stop-and-go geht es auf den Autobahnen voran, eingekeilt in Kolonnen von Lkw. Die Region ist heute wieder wohlhabend – das ist der Preis dafür.

Paduas Heiliger

Als um das Jahr 1195 in Lissabon Fernandez Martin de Bulhorn als Sohn einer begüterten Adelsfamilie geboren wurde, war nicht abzusehen, dass dies einmal zum Bau einer der meistbesuchten Kirchen der Welt führen würde. Im Alter von 16 Jahren ging der Knabe ins Kloster und nahm bald darauf den Namen Antonius an – die eigentliche Geburtsstunde des heiligen Antonius. Als Bußprediger reiste er viel, in Assisi wurde seine außerordentliche Gabe als Redner entdeckt. Schließlich kam er nach Padua, legte im Jahr 1230 erschöpft von all den Reisen seine Ämter nieder und lebte noch ein Jahr auf dem Landgut Camposampiero bei Padua. Seine Fastenpredigten in Pa-

Paduas Basilika wurde ab 1232 in drei Bauphasen errichtet und kombiniert eine romanisch-lombardische Fassade mit gotischem Chor und schlanken, minarettartigen Glockentürmen. Hinzu kommen byzantinische Kuppeln, die an die Silhouette von San Marco in Venedig erinnern.

Paduas mittelalterliches Rathaus, der Palazzo della Ragione, öffnet sich an der Süd- und Nordseite mit vielen Loggien der Piazza delle Erbe und Piazza della Frutta.

Paduas Prato della Valle: Einst ein römischer Theaterplatz, stehen heute an dem von einem Kanal eingefassten, 88 620 Quadratmeter großen Oval alte Platanen und Standbilder berühmter Bürger der Stadt.

dua hatten sensationellen Erfolg – keine Kirche war groß genug, er musste ins Freie ausweichen. Im Jahr 1231 starb Antonius bei den Klosterfrauen von Arcella bei Padua und wurde zunächst in Santa Maria Maggiore beigesetzt, ehe man 1236 seine Gebeine in die neue, ihm geweihte Basilika in Padua übertrug. Und bis heute ist der heilige Antonius in Italien hoch angesehen – an seinem Gedenktag, dem 13. Juni, quillt Padua förmlich über vor Pilgern.

Doch zum Glauben an die Wunder gesellte sich in Padua recht früh das Vertrauen in die Wissenschaft. Die Universität wurde 1222 gegründet, Kopernikus war hier Student. Einer der bedeutendsten Dozenten – Galileo Galilei – trat 1592 als 28-Jähriger seinen Lehrstuhl für Mathematik an. 1633 wurde er von der Inquisition gezwungen, dem kopernikanischen Weltbild abzuschwören.

Die erste Doktorandin des Abendlands

Im Jahr 1646 in Venedig geboren, lernte Helena Lucretia Cornelia Piscopia schon im Alter von sieben Jahren Fremdsprachen. Lateinisch, Hebräisch, Arabisch, Spanisch, Französisch und Griechisch soll sie später fließend gesprochen haben. Mit 26 kam sie an die Universität von Padua, ihre Leidenschaft galt der Theologie. Doch der Bischof von Padua – zugleich Kanzler der Universität – stimmte der Verleihung eines theologischen Grades an eine Frau nicht zu. Stattdessen wurde ihr nahegelegt, einen Doktortitel in Philosophie zu erwerben. Tatsächlich bestand sie ihr Promotionskolloquium im Jahr 1678 mit Bravour. Doch sie zog sich bald von der Wissenschaft zurück und trat in ein Kloster ein.

Heute drängen sich rund 70 000 Studierende in den Hörsälen der 13 Fakultäten, mehr als die Hälfte sind Frauen. Nach den Vorlesungen trifft man sich gern auf ein Gläschen Wein im legendären Caffè Pedrocchi – 1848 die Wiege des Studentenaufstands gegen die österreichische Besetzung.

Die besten Bars und Clubs

Nightlife im Veneto

Die Sperrstunde beginnt früh in der Lagunenstadt: Bereits um halb zehn ist es vorbei mit der Musik, um Mitternacht kontrollieren die Carabinieri die Ruhe und Ordnung in den Gassen. Doch auf dem Festland wird weitergefeiert bis in den frühen Morgen – Venetien ist Italiens Hotspot der Clubszene.

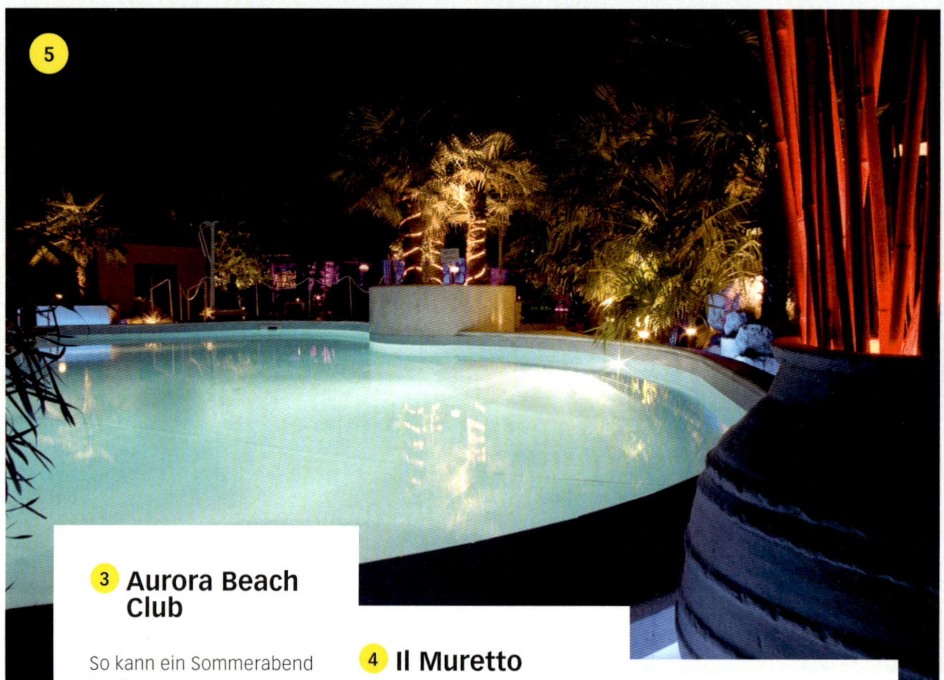

1 Il Paradiso Perduto

Seit mehr als 30 Jahren ist „das verlorene Paradies" die angesagteste Musikbar von Venedig. Chet Baker, Keith Richards, Vinicio Capossela, Bill Frisell, Massimo Urbani und Archie Shepp haben hier schon richtig eingeheizt – nach Beginn der Sperrstunde auf „privaten Partys", die so legendär sind wie der Inhaber: Der Trompeter Maurizio, ein launischer Kauz, war jahrelang als Einsiedler durchs Mittelmeer gekreuzt, ehe er wieder die Regie im Club übernahm.

Fondamenta della Misericordia, Cannaregio 2540, Venedig, Tel. 041 72 05 81, http://ilparadisoperduto.com

2 Piccolo Mondo

Eine schwere Eisentür, eine kleine Klingel – seit 1963 finden nur Eingeweihte den Weg in den halb privaten Club von El Souk. In einem Retro-Ambiente aus pinkfarbenen Wänden, rotem Leder und viel Messing unter funkelnden Discokugeln hotten auf der kleinen Tanzfläche die Partygänger bis in den Morgen ab.

Dorsoduro 1056, Venedig, Tel. 041 5 20 03 71, www.piccolomondo.biz

3 Aurora Beach Club

So kann ein Sommerabend beginnen: auf Himmelbetten und runden Liegen grooviger Loungemusik lauschen und kühle Cocktails und Fingerfood mit Blick auf die Adria genießen. Später, unterm Sternenhimmel, tanzt Venedig zu Electropop und exotischen Rhythmen barfüßig im Sand. Und springt, wenn's zu heiß wird, hinein ins Meer – denn getanzt wird hier in Bikini, Badeanzug oder Shorts.

Lungomare Guglielmo Marconi, Lido di Venezia, Tel. 041 5 26 80 13, www.facebook.com/aurorabeachvenezia

4 Il Muretto

Je oller, desto doller: Zwar feierte das Muretto 2015 sein 50-jähriges Bestehen, doch die Vibes, die von diesem Club ausgehen, bringen immer noch nicht nur Venetien zum Beben. Mit den Chemical brothers, Moby, Fatboy Slim, Bob Sinclair, Cassius, Frankie Knuckles, Sven Vath und David Morales hat Tito Pinton schon die besten DJs und Produzenten der Welt an den Lido von Jesolo geholt.

Via Roma Destra120, Jesolo, Tel. 0421 37 13 10, www.ilmuretto.net

5 Odissea Fun City

Zwölf Tanzflächen, 15 Bars, mehrere Restaurants und ein Hotel: Die Odissea Fun City bietet Nachtschwärmern ein Komplettprogramm – vom ersten Aperitivo bis zum späten Bett. Livekonzerte setzen Highlights im Programm des Megaclubs, der 1994 nördlich von Treviso auf dem platten Land eröffnete.

Via Giambattista Tiepolo 1, Spresiano, Tel. 0422 88 17 54, www.odisseafuncity.it

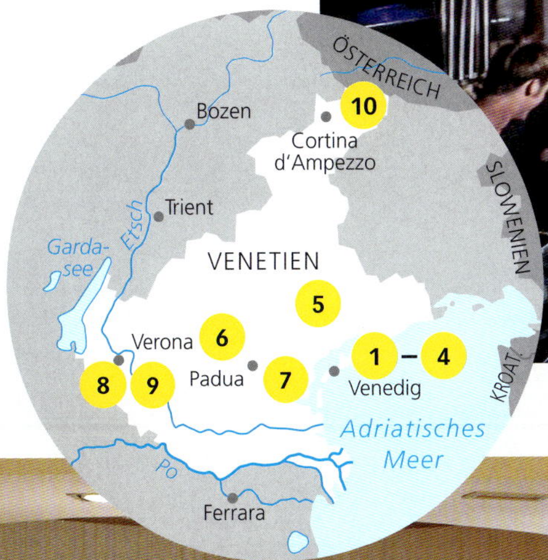

6 Totem Club

Ostdeutsche Kult-DJs wie Fiedel, aber auch deutsche Musiker wie Patrick Bodner und Nico Döhringer aka Nick Curly waren schon Gast im berühmtesten Musikclub von Vicenza, der in ganz Europa als Bühne für Electro und Indie bekannt ist.

Via Vecchia Ferriera 135,
Vicenza,
Tel. 339 4 15 56 24,
www.totemclub.it

7 Q Bar

Der Mailänder Stararchitekt Massimo Cadamuro verwandelte mit 2700 Glitzersteinen aus dem Hause Swarowski, schwarzem und rotem Leder, weißem Leinen und stylisher Beleuchtung ein ehemaliges Kino in den neuen In-Treff der Studentenstadt – mit Galerie, Lounge, Bar, Restaurant und Tanztempel, dessen Liveprogramm ein Spektrum von Jazz über Funk, Soul und Blues bis hin zu den besten Beats abdeckt.

Vicolo dei Dotto 3, Padua,
Tel. 049 8 75 16 80,
www.q-bar.it

8 Berfi's Club

Der traditionsreiche Tanzschuppen birgt zwei Clubs: den Main Room, in dem Mainstream von bekannten DJs aufgelegt wird, und den kleineren VIP Room, in dem Avantgarde, Indie und Experimentelles angesagt sind. Zum Club gehört auch ein Restaurant. Und noch ein Tipp: Nur wer schick angezogen ist, kommt am strengen Türsteher vorbei.

Via Lussemburgo 1, Verona,
Tel. 045 50 80 24,
www.berfis.com

9 Alter Ego Club

Zu den legendären Diskotheken von Verona gehört auch der Alter Ego Club, der etwas außerhalb auf einem Hügel liegt. Vom Außenbereich bieten sich großartige Ausblicke auf die Stadt – perfekt zu Cocktail & Co. Drinnen legen bekannte DJs freitags House, samstags ihre ganz persönlichen Favoriten auf und bringen das überwiegend junge Publikum ab 20 gehörig auf Touren. Damit für jeden etwas dabei ist, gibt es einen zweiten Dancefloor mit alternativer Beschallung. Auch Livekonzerte stehen das ganze Jahr hindurch auf dem Programm.

Via Torricelle 9, Verona,
Tel. 045 91 51 30,
www.alteregoclub.it

10 VIP Club Cortina

1972 eröffnete die Familie Cardazzi in ihrem Hotel einen eleganten Piano-Club. Ob sie wohl ahnte, dass sie damit den In-Treff von Cortina gründete? Hier traf und trifft sich die Politik mit der Prominenz, wird zu sanften Pianoklängen, besten Cocktails und erlesenen Weinen bis in die frühen Morgenstunden geflirtet. Und bei intimen Livekonzerten gefeiert, dass die alten Holzbalken erzittern.

Corso Italia 207, Cortina d'Ampezzo, Tel. 0436 32 21,
www.facebook.com/vipcortina

Maßstab 1:320.000
BASSANO DEL GRAPPA
MONTEBELLUNA
Marostica
Thiene
CASTELFRANCO VENETO
Cittadella
VICENZA
Camposampiero
Noale
Scorzè
Martellago
Salzano
MIRANO
Spinea
MESTRE
PADOVA
MIRA
Dolo
Abano Terme
Montegrotto Terme
Parco d. Colli Euganei
Battaglia Terme
Monselice
Este
Montagnana
Piove di Sacco
Conselve
Cavarzere
Anguillara Veneta
Lendinara
ROVIGO
Adria
Badia Polesine
Fratta Pol.
Noventa Vic.
Barbarano Vicent.
1
2
3
4
5

Entdeckungen im Hinterland

Das flache Land um Padua und bis nach Vicenza ist durchzogen von Kanälen und Flüssen. Die Städte sind venezianisch geprägt, über das ganze Land verstreut stehen Villen aus den Glanzzeiten der Serenissima. Am beeindruckendsten sind Palladios Villen, hinter deren Prachtfassaden sich oft zweckmäßige, „modern" anmutende Landhäuser verbergen.

1 Padua

Das nur 30 km landeinwärts von Venedig gelegene Padua (210 494 Einw.) ist berühmt für seine 1222 gegründete Universität, ein Drittel der Einwohner sind Studenten. Auffällig im Stadtbild: die zahlreichen Fresken an den Häuserwänden. Der heilige Antonius, der 1231 in Padua starb und hier begraben ist, gehört zu den volkstümlichsten Heiligen Italiens.

SEHENSWERT

Der **Palazzo del Bò,** Sitz der Universität, stammt aus dem 16. Jh. Im Innenhof sind alte Wappen zu sehen, zudem kann der eindrucksvolle Anatomiehörsaal von 1584 besichtigt werden (Via VIII Febbraio 2). Die Abtei von **Santa Giustina** (12.–16. Jh.) gilt als eine der größten der Welt. Das Altarbild stammt von Veronese. Im linken Querschiff sollen die Gebeine des Evangelisten Lukas bestattet sein (Eintritt frei, www.abbaziasantagiustina.org, April–Okt. Mo.–Sa. 7.30–12.00, 15.00–20.00, So. 6.30 bis 13.00, 15.00–20.00, Nov.–März tgl. 8.00–13.00, 15.00–20.00 Uhr). Auf dem riesigen **Prato della Valle**, der einstigen Pferderennbahn, stehen 80 Statuen bedeutender Bürger Paduas. Wichtigste Kirche ist die **Antoniusbasilika,** die Grabkapelle des heiligen Antonius (www.basilicadelsanto.it). Imposant sind die vier Kreuzgänge; in der Scuola del Santo gibt es in der oberen Etage einen Freskenzyklus zum Leben des heiligen Antonius, drei der Fresken sind von Tizian. Auf dem Vorplatz steht die erste gegossene Reiterstatue Europas, geschaffen um 1450 von Donatello. Sie zeigt den Söldnerführer Erasmo da Narni, genannt Gattamelata. Die **Scrovegni-Kapelle** steht nahe den Resten der römischen Arena, die farblich sehr gut erhaltenen Fresken malte Giotto di Bondone um 1305. In der Kapelle ist außerdem eine Madonnenstatue von Giovanni Pisano erhalten (Erw. 13 €, inkl. Besuch des Museo Eremitani und des Palazzo Zuckermann; Reservierung/Tickets Tel. 049 2 01 00 20 bzw. www.cappelladegliscrovegni.it, tgl. 9.00–19.00, bei „Giotto unter den Sternen" auch Di.–So. 19.00 bis 22.00 Uhr; Zugang für max. 20 Min.). An der Piazza delle Erbe und Piazza della Frutta (mit Obst- und Gemüsemarkt) steht der **Palazzo della Ragione**, Paduas Gerichtshof mit Geschäften in seinen Arkaden (Eintritt 6 €, mit PadovaCard frei, März–Okt. Di.–So. 9.00–19.00, Nov.–Feb. bis 18.00 Uhr).

MUSEUM

Im **Museo Antoniano** (Piazza del Santo 11, Erw. 2,50 € inkl. Scoletta, Okt.–März tgl. 9.00 bis 13.00, Sa./So., auch 14.00–18.00, April bis Sept. Mo. geschl.) sind Schätze aus der Basilika zu sehen. Das **Museo del Precinema Collezione Minici Zotti** (Erw. 5 €, Palazzo Angeli, Prato della Valle 1/a, Tel. 049 8 76 38 38, www.minicizotti.it, tgl. Mi.–Mo. 10.00–16.00 Uhr) zeigt Geräte aus der Frühzeit des Kinos.

Tipp

Café mit Tradition

Das **Caffè Pedrocchi** ist ein legendäres Kaffeehaus. 1831 eröffnet, wurde es zum Treffpunkt des Risorgimento, der Einigungsbewegung Italiens – stolz verweist man in diesem Zusammenhang auf ein Einschussloch in der Wand; im Obergeschoss kann ein kleines Risorgimento-Museum besichtigt werden. Aber auch ohne historische Reminiszenzen ist das Café in Padua der Treffpunkt bei Tag und bei Nacht!

INFORMATION
Via VIII Febbraio 15, Tel. 049 8 78 12 31, www.caffepedrocchi.it

Paduas „Anatomisches Theater" von 1549 ist der erste Anatomiehörsaal der Welt.

ÜBERNACHTEN

Das kleine € **Hotel Al Fagiano** mit 40 Zimmern voller Kunst ist nur rund 100 Meter von der Piazza del Santo entfernt (Via Locatelli 45, 35123 Padua, Tel. 049 8 75 00 73, www.alfagiano.com).

Tipp

Freier Eintritt

Mit der **PadovaCard** (16 € für 48 Std. oder 21 € für 72 Std.) bekommt man freien Eintritt in zahlreichen Museen, kann kostenlos mit dem Linienbus fahren und an einigen Parkplätzen umsonst das Auto abstellen. Noch preisgünstiger ist natürlich eine Besichtigung per Drahtesel; auch beim Fahrradverleih am Bahnhof gibt's mit der PaduaCard etwa 20 Prozent Rabatt.

INFORMATION
www.padovacard.it

UMGEBUNG
Paduas wassereiches Hinterland ist für viele Entdeckungen gut. Die Brenta-Villen waren Sommersitze und zugleich gestylte Bauernhöfe des venezianischen Adels. Allein entlang der **Riviera del Brenta** TOPZIEL zwischen Venedig und Padua sind es fast 80, nur wenige kann man besichtigen. In **Stra** (10 km östlich von Padua) steht die größte venezianische Villa, die **Villa Pisani** (www.villapisani.beniculturali.it, April–Okt. Di.–So. 9.00–19.00, Okt. bis März bis 16.00 Uhr) mit einem großen Park (10 €, nur Park 7,50 €). Hübsch ist eine Fahrt auf dem Kanal in den traditionellen Holzbooten, *burchi* genannt. Veranstaltet wird sie z.B. von Deltatour (www.deltatour.it). Il Burchiello startet seine Touren täglich in Padua um 8.15 Uhr und endet um 18.45 Uhr in Venedig (www.ilburchiello.it).

INFORMATION
Turismo Padova Terme Euganee
Piazza Antenore 3, I-35121 Padova,
Tel. 049 8 76 79 11, www.turismopadova.it

2 Abano Terme

Das elegante Kurbad (20 000 Einw.) zieht nicht nur Heilung-, sondern auch Erholungssuchende an. Wegen der Lage zu Füßen der Euganeischen Hügel schätzen den Ort auch Radfahrer und Wanderer.

SEHENSWERT
Schon die Römer nutzten das Heilwasser, das mit 87 Grad Celsius an die Erdoberfläche kommt. Man trifft sich in der **Viale delle Terme,** der Allee in der Ortsmitte. Eine der größten Kuranlagen ist **Montirone**; der klassizistische Säuleneingang dominiert das Zentrum Abanos. Stolz ist man auf den modernen, weitläufigen **Thermalpark** mit Fußgängerzone und Geschäften. Das **Grand Hotel Orologio** wurde im 18. Jh. für Kurgäste gebaut.

Tipp

Sport und Wellness

Die über 100 Hotels in Abano haben praktisch alle eigene Kuranlagen. Das **Hotel Terme Metropole** (Abb. oben) bietet alle erdenklichen Fango-Anwendungen sowie moderne asiatische Spa-Programme an. Bestechend bei diesem Haus sind die vier Thermalschwimmbäder im großen Park, zu denen sich ein großes Sportbecken gesellt.

INFORMATION
Via Valerio Flacco 99, 35031 Abano Terme, Tel. 049 8 61 91 00,
www.gbhotelsabano.it/de

Beschwingtes Leben in Vicenza: vor dem Palazzo Chiericati und im historischen Zentrum. Unten rechts Hotel Terme Metropole

UMGEBUNG
Ganz unvermutet aus der Poebene aufsteigendes Wandergebiet sind die **Euganeischen Hügel**. Tipps und Karten gibt es beim Tourismusbüro in Abano Terme.

INFORMATION
I.A.T., Via Pietro d'Abano 18,
I-35031 Abano Terme, Tel. 049 8 66 90 55,
www.turismopadova.it

3 Rovigo

Rovigo (51 700 Einw.) nennt sich „Stadt der Rosen“: Ludovico Ariosto beschrieb die Stadt so in seinem Werk „Der rasende Roland“.

SEHENSWERT
Der **Corso del Popolo**, Hauptstraße des Ortes, war ein Nebenarm der Etsch, der in den 1950er-Jahren zugeschüttet wurde. Der Turm **Torre Donà** im Stadtpark gehörte zur um 920 gebauten Burg. Der **Duomo Santo Stefano** stammt von 1729, auch wenn er so tut, als wäre er von Palladio. Auf der **Piazza Vittorio Emanuele** steht eine Markussäule, Zeichen der Zugehörigkeit zu Venedig.

MUSEEN
Im Palazzo Roverella zeigt die **Accademia dei Concordi** in ihrer Pinacoteca Malerei von Tizian, Bellini, Tiepolo (Erw. 12 €, Via Giuseppe Laurenti 8, www.palazzoroverella.com; Mo.–Fr. 9.00–19.00, Sa./So. bis 20.00 Uhr). Außerhalb, im Konvent San Bartolomeo, zeigt das **Museo dei Grandi Fiumi** multimedial, dass Europa an Flüssen entlang entstanden ist (Erw. 4 €, Piazzale San Bartolomeo, Tel. 0425 2 50 77, www.museograndifiumi.it, Di.–Fr. 9.00–13.00, Sa./So. 10.00–13.00 u. 16.00–19.00 Uhr).

INFORMATION
I.A.T. Rovigo, Piazza Vittorio Emanuele II 20,
I-45100 Rovigo, Tel. 0425 38 62 90,
www.polesineterratraduefiumi.it

4 Este

Este (16 740 Einw.) war ab etwa dem Jahr 1000 Stammsitz der Herrscher von Ferrara. Ein 1000 Meter langer, zinnengekrönter Mauerring erinnert bis heute an diese Zeiten.

SEHENSWERT
Im **Museo Nazionale Atestino** (Erw. 5 €, Via Guido Negri 9/c, Este, www.atestino.beniculturali.it, tgl. 8.30–19.30 Uhr) sind ein etruskisches Grab und Funde aus der Eisenzeit zu besichtigen, die zu den wichtigsten Italiens zählen.

UMGEBUNG
Montagnana (15 km westl.) umschließt ein fast 2 km langer Mauerring mit 24 Türmen. Der Palazzo del Municipio stammt von Sanmicheli (1538), der Palazzo Pisani von Palladio (1560). Zur Feier der Vertreibung des Tyrannen Ezzelino findet am ersten Sonntag im September der Palio dei dieci comuni statt, ein Pferderennen um die Stadtmauer.
Schön am Abhang eines Hügels liegt **Arquà Petrarca,** 8 km nordöstlich von Este. Hier verbrachte der Dichter Francesco Petrarca (1304–1374) seine letzten Lebensjahre, sein kleines Haus ist jetzt ein Petrarca-Museum. Leider sind die meisten Erklärungen in der Ausstellung nur auf Italienisch, ein Besuch in dem hübschen Renaissance-Haus mit Garten

Tipp

Palladios Villen

Das Fremdenverkehrsamt von Vicenza organisiert Führungen auf den Spuren Palladios, auch auf Deutsch. Treffpunkt ist samstags um 14.00 Uhr vor dem FVA Vicenza, Piazza Matteotti 12. Man macht mit der Gruppe einen Rundgang, daran schließt sich eine Busfahrt zu einigen Villen an.

INFORMATION
Tel. 0444 32 08 54,
www.vicenzae.org, info@vicenzae.org

lohnt sich aber dennoch (Erw. 4 €, Casa del Petrarca, Via Valleselle 4, Arquà Petrarca, Tel. 0429 71 82 94, www.arquapetrarca.com, März bis Okt. 9.00–12.30 u. 15.00–19.00, Nov.–Feb. 9.00–12.30 und 14.30–17.30 Uhr, Mo. geschl.).

INFORMATION
I.A.T., Via G. Negri, I-35042 Este,
Tel. 0429 60 04 62, http://comune.este.pd.it

5 Vicenza

Vicenza (113 700 Einw.) ist die Stadt Palladios, stehen hier doch die berühmtesten Bauten des in Padua geborenen Architekten. Ab 1404 gehörte Vicenza, als römisches „Vicetia" gegründet, zu Venedig.

SEHENSWERT
Am besten besorgt man sich im Info-Büro auf der Piazza Matteotti einen Stadtplan, in dem alle Palladio-Bauten eingezeichnet sind. Die **Basilica Palladiana** ist der ehemalige Ratssaal (Piazza dei Signori, derzeit wegen Restaurierung geschl.). Das **Teatro Olimpico** liegt etwas versteckt in einem Hof, ist aber dank der Ausschilderung gut zu finden (Erw. 11 €, Piazza Matteotti 11, Tel. 0444 22 28 00, April–Okt. Di.–So. 9.00–17.00 Uhr, Nov.–März ab 10.00 Uhr; Informationen zu Musikwochen im Teatro Olimpico bei Settimane Musicali al Teatro Olimpico, contrà S. Pietro 67, Tel. 0444 30 24 25, www.teatrolimpicovicenza.it).

MARKT
Le Piazze dei Sapori nennt sich ein Markt auf der Piazza dei Signori mit regionalen Produkten aus dem Veneto und Italien (Anfang Mai, www.lepiazzedeisapori.com).

UMGEBUNG
Die „Runde Villa", die **Villa Capra Valmarana „La Rotonda"**, ist die bekannteste aller Palladio-Villen (Besichtigung der Innenräume Mi., Sa. 10 €, sonst nur von außen 5 €, Via della Rotonda 45, www.villalarotonda.it, Mitte März bis Anfang Nov. Di.–So. 10.00–12.00, 15.00–18.00, übriges Jahr 10.00–12.00, 14.30–17.00 Uhr). Die **Villa Valmarana „ai Nani" Palazzina e Foresteria** aus der Spätrenaissance wurde 1668 gebaut. Berühmt sind die Tiepolo-Fresken im Inneren. Die 17 „Zwerge" *(nani)*, die der Villa den Namen gaben, stehen auf der Mauer, die das Grundstück einfassen (Erw. 10 €, Via dei Nani 2–8, Tel. 04 44 32 18 03, www.villavalmarana.com, März–Okt. tgl. 10.00–18.00, Nov. bis Febr. tgl. 10.00–16.00 Uhr). In **Marostica**, einer turmreichen mittelalterlichen Stadt 30 km nördlich von Vicenza, wird jedes zweite Jahr (mit gerader Jahreszahl, Mitte Sept.) eine historische Schachpartie mit lebenden Figuren ausgetragen (www.marosticascacchi.it).

INFORMATION
I.A.T., Piazza dei Signori 8, Tel. 0444 54 41 22,
I.A.T., Piazza Matteotti 12, Tel. 0444 32 08 54,
I-36100 Vicenza,
www.vicenzae.org, www.visitvicenza.org

Genießen Erleben Erfahren

DuMont Aktiv

Mit Goethe in Arkadien

Der Geheimrat war begeistert. Paduas Botanischer Garten inspirierte ihn zu einem botanischen Lehrgedicht: die „Metamorphose der Pflanzen". Warum nicht in seine Fußstapfen steigen, sich in einen Dichter verwandeln und dabei literarisch unsterblich werden? Und sollte Ihnen hier nicht lyrisch zumute sein – blümerant zumute wird Ihnen allemal.

Nun war Goethe auf seiner Reise in Italien ohnehin in einer Stimmung andauernder Begeisterung. Von Vicenza war er am 27. September 1786 in einer kleinen Kutsche nach Padua gekommen. Schon unterwegs musterte er die Botanik, sah eine unbeschreibliche Fülle an „Pflanzen- und Fruchtgehänge über Mauern und Hecken", die „wunderlichsten Gurken" an Latten und Spalieren. „Artiger und munterer" fand er den Botanischen Garten von Padua. Der – er gehört zur hiesigen Universität – ist heute der älteste seiner Art, der sich noch an derselben Stelle befindet, an der er gegründet wurde. Schon zur Zeit von Goethes Besuch war er beinahe 250 Jahre alt, und seitdem sind noch einige Jährchen dazugekommen.

Die Gründung des Gartens hatte Venedigs Senat der Republik schon 1545 angeordnet, vor allem zur Anzucht von Heilpflanzen und um Mediziner im Erkennen derselben zu unterrichten. Es kam nämlich immer wieder zu Unfällen und Vergiftungen, weil Pflanzen nicht genau identifiziert wurden. Die Seemacht Venedig schleppte aus der ganzen Welt immer mehr Samen an. Der Garten wuchs, bis heute gibt es diverse Sammlungen von Gift- und Heilpflanzen, fleischfressenden Pflanzen und vielen anderen mehr. Seit 1997 gehört der Garten zum UNESCO-Welterbe. Die älteste Pflanze ist eine Zwergpalme, 1585 gepflanzt.

Weitere Informationen

Orto Botanico dell'Università di Padova
Erw. 10 €, Via Orto Botanico 15,
Tel. 049 8 27 21 19,
www.ortobotanico.unipd.it
April–Sept. tgl. 9.00–19.00, Okt. bis 18.00,
Nov.–März bis 17.00 Uhr

Ordnung muss sein – Blick aus der Vogelperspektive auf den Orto Botanico

Gipfelglück in den Dolomiten

Cortina d'Ampezzos berühmte Berge lockten und locken nicht minder berühmte Kletterer an, im Ort selbst leben Legenden des Bergsteigens. Doch die Dolomiten waren auch Kriegsschauplätze: wie der Monte Grappa, der mit dem Tresterschnaps nichts zu tun hat, auch wenn dieser zu seinen Füßen, in Bassano del Grappa nämlich, gebrannt wird.

Majestätische Dolomitengipfel bilden die Kulisse für den Passo Tre Croci bei Cortina d'Ampezzo.

Die Alpini-Brücke in Bassano del Grappa

Meist wird der Begriff „Dolomiten" mit Südtirol in Verbindung gebracht, doch die eindrucksvollsten senkrechten Felsungetüme stehen im Bellunese.

Ganz im Zeichen des Tresterschnapses steht Bassano del Grappa.

Die Berge bauen sich auf am Horizont, wenn man von Venedig ins Hinterland fährt, Kalkriffe erheben sich über waldigen Hügeln, und schließlich taucht man ein in das Felsenmeer, in den Dolomitenkessel, der Cortina d'Ampezzo umschließt. Herzlich willkommen in einer ganz anderen Welt, der Serenissima so nah – und doch auch so fern!

Hohe Berge

Meist wird der Begriff „Dolomiten" mit Südtirol in Verbindung gebracht, doch die eindrucksvollsten senkrechten Felsungetüme stehen im Bellunese. Im Jahr 2009 als Welterbe der UNESCO ausgezeichnet, erstreckt sich das Gebirge im Nordosten der Italienischen Alpen insgesamt über eine Fläche von rund 1419 Quadratkilometern. Allein 18 ihrer Gipfel ragen mehr als 3000 Meter in die Höhe, am höchsten die Marmolata mit 3343 Metern. Von Tausenden von Bergkalendern bekannt sind die Drei Zinnen, hier *Tre Cime di Lavaredo* genannt. Wie schroffe Backenzähne eines urzeitlichen Erdsauriers ragen sie in den Himmel. Die Cadinigruppe hingegen, die am Misurinasee aus Wiesen herauswächst, besteht aus filigranen Türmchen, andere wiederum stürmen wie Wolkenkratzer den Himmel und fordern seit über 100 Jahren Bergsteiger heraus.

Umkämpfte Berge

Der Gesteinsforscher Déodat Gratet de Dolomieu (1750–1801) war einer der ersten Fremden, die nicht mehr nur durchs Gebirge fuhren, sondern eigens der Berge wegen anreisten. Nach ihm wurde das Gestein Dolomiten genannt, da er es als Erster erforschte. Im Jahr 1861 reisten J. Gilbert und G.C. Churchill an, die das Ampezzaner Tal dem englischen Publikum mit ihrem Buch „The Dolomites Mountains" schmackhaft machten. Ein Engländer war auch der Erste, der auf einem hohen Dolomitenberg stand: John Ball, Geologe und Botaniker, Präsident des 1857 gegründeten britischen Alpine Club.

Dort findet man auch die
Nardini-Grappastube: Salute!

Blick auf Cortina d'Ampezzo

Die Kirche von San Vito

Blick vom Col de Varda auf den Monte Cristallo

Special

Eleonora Duse

Primadonna

„Die Duse“ wurde 1858 als Kind einer Schauspielerfamilie geboren. Mit 14 fiel sie erstmals auf, als „Julia“ in der Arena von Verona. Sie trat in allen tragischen Paraderollen auf und sagte einmal: „Spielen? Was für ein hässliches Wort! Die armen Frauen meiner Stücke sind mir ganz in Herz und Kopf übergegangen.“

Kurz vor der Jahrhundertwende traf sie in Venedig Gabriele d'Annunzio, in dessen langatmigen Tragödien sie jahrelang fast ausschließlich auftrat – ein finanzielles Desaster. Sie zog sich nach Venedig zurück, wohnte in der Nachbarschaft von Rainer Maria Rilke, der ihr sein Gedicht „Bildnis“ widmete. Ihr letztes Haus fand sie in Asolo. Dort wurde sie auch bestattet, nachdem sie 1924 auf einer Tournee in den USA gestorben war.

Im selben Jahr kam er nach Cortina, heuerte einen angeblich ortskundigen Jäger als Führer an und brach an einem Septembermorgen mit diesem zusammen auf, um den 3168 Meter hohen Monte Pelmo zu besteigen. Typisch für diesen Berg sind auffällige Querbänder im Felsaufbau. Doch der Einheimische weigerte sich nach der Hälfte der Tour, weiterzugehen. Wie den meisten Gebirgsbewohnern der damaligen Zeit war ihm die Vorstellung, einen Berg ersteigen zu sollen, im Herzen fremd. John Ball ließ sich nicht beirren, erreichte den Gipfel alleine – und kam auch wieder heil ins Tal.

Am Schnittpunkt zweier verschiedener Kulturen

Heute sind die südlichen Alpen Jahr für Jahr das Ziel von vielen Urlaubern, Wanderern oder Extremsportlern. Früher aber war diese Region immer wieder Schauplatz fürchterlicher Kriege – lag sie doch lange am Schnittpunkt zweier Kulturen und weckte somit die Begehrlichkeiten unterschiedlicher Regime. Noch heute sind am Lagazuoi und an den Cinque Torri Stollen, Schützengräben und Unterstände zu sehen, großteils als Freilichtmuseum mit Schrifttafeln versehen. Auf dem Soldatenfriedhof am Monte Grappa sind 126 154 italienische Soldaten begraben, 10 322 davon namenlos, sowie 10 295 österreich-ungarische Gefallene, auch sie fast alle unbekannt. Wegen der erbitterten Kämpfe um den Monte Grappa gab sich Bassano, das nun zu Italien gehörte, im Jahr 1928 den Beinamen Bassano del Grappa. Die italienischen Faschisten errichteten auf dem Monte Grappa ein monströses Monument als Kriegerdenkmal, bevor im Zweiten Weltkrieg dann Bassano zu einem Zentrum der antifaschistischen Partisanen wurde.

Palladios Brücke führt zum Grappa

Bassano del Grappa liegt an der Schnittkante zwischen Ebene und den Bergen – und so changiert auch die Architektur zwischen venezianischen Fenstern mit Doppelbögen und geduckten alpinen Häusern. Bassanos bekanntestes Bauwerk ist der Ponte Vecchio. Der Entwurf dieser gedeckten Holzbrücke soll von Andrea Palladio stammen. Sie wurde vom Hochwasser weggerissen, in Kriegen zerstört – und immer wieder aufgebaut. So auch nach dem Zweiten Weltkrieg von den Alpini, den italienischen Gebirgsjägern, weshalb sie heute auch Ponte degli Alpini heißt. Tagsüber flanieren und fotografieren hier die Touristen und trinken einen Grappa im historischen Lokal am Eingangstor. Abends gehört die Brücke den jungen Einheimischen. Das Lokal ist viel zu klein für

Käse aus Asiago: Kosten Sie ihn doch mal!

Piazza dei Martiri in Belluno

Arkaden an der Piazza dei Signori in Treviso

Café an Trevisos Piazza dei Signori

die vielen Menschen, also stehen alle draußen, auf Palladios Brücke, mit einem Glas in der Hand.

Beim Berg Monte Grappa bedeutet *grappa* Punkt, Gipfel; der Schnaps jedoch, der von Brennereien in Bassano del Grappa in die ganze Welt exportiert wird, hat damit nichts zu tun: Denn im mittelalterlichen Vulgärlatein bedeutete *grappulus* Trester und bezeichnete die Reste im Weinkeller, aus denen Grappa gewonnen wird.

Waldreich aus Tradition

Beim Blick in die Täler fällt der Waldreichtum des Bellunese auf. Heute ist der Wald geschützt, doch schon seit dem 15. Jahrhundert war er als Rohstofflieferant begehrt – vor allem von der

Venedig benötigte viel mehr Holz, als die Küste liefern konnte: für die Schiffe der Seemacht zum Beispiel.

Dogenstadt. Venedig benötigte viel mehr Holz, als die Küste liefern konnte: zum einen für die Schiffe der Seemacht, zum anderen aber auch für Pfähle, auf denen die Lagunenstadt gebaut wurde. Zwei große Schutzgebiete, neben weiteren kleinen, weist die Region heute auf. Im Norden Cortinas erstreckt sich der Parco Naturale delle Dolomiti d'Ampezzo, einer der vier Naturparks der Region Veneto. Gämsen, Hirsche, Steinböcke und Murmeltiere gehören zu seinen Bewohnern; Goldadler und sogar Lämmergeier kreisen über den Bäumen, den hundertjährigen Fichten, Lärchen und Zirbelkiefern. Der Parco Nazionale Dolomiti Bellunesi erstreckt sich nordwestlich von Feltre an der Grenze zum Trentino über 32 000 Hektar. Die Parkverwaltung hat umfangreiche Broschüren erarbeitet und Routen ausgeschildert, auf denen die Wälder durchwandert werden können. So

Canovamuseum in Possagno

Kreuzgang der Zisterzienserabtei Follina

Villa di Maser in Barbaro bei Asolo

Schon im 10. Jahrhundert schlossen sich die ladinischen Bauern zu einer Art Genossenschaft zusammen, den Regole d'Ampezzo.

leitet ein Weg auf den Spuren früherer Reisender entlang der Reste mittelalterlicher Hospize durch den Park, ein anderer führt zu von Gletschern geformten Felsen oder auch zu zahlreichen kleinen Kirchen am Südrand des Gebietes.

Wiesen und Wälder für alle

Besonders intakt sind die Wälder rund um Cortina. Die Regole d'Ampezzo, eine Art Genossenschaft ladinischer Bauern, verwaltet Güter wie Wälder und Wiesen, die allen Bürgern gemeinsam gehören. Bis heute bleiben Wälder und Wiesen laut den Statuten für immer im gemeinsamen Besitz der etwa 800 Familien. Sie können auch nicht bebaut werden. Nur während des Faschismus wurden die Regole für ungültig erklärt, im Mai 1957 aber wieder etabliert. Am Gemeindehaus von Cortina d'Ampezzo erinnert der Schriftzug „Ciasa de ra Regoles" daran, zeigt aber auch, dass Ampezzo – wie der Überbegriff für alle Gemeinden des Tales lautet – urladinisch ist. 1975 wurde die Union dei Ladis de Anpezo gegründet, ein Zusammenschluss von Gemeinden ladinischen Ursprungs. Im Sommer 2007 stellte diese Gemeinschaft mehr als 100 neue Straßenschilder auf, die nun die Orte zweisprachig – Italienisch und Ladinisch – benennen. Auf solchen Schildern heißt Cortina d'Ampezzo dann Anpezo.

Die besten Outdoor-Erlebnisse

Zu Lande, zu Wasser und in der Luft

Kunst, Kultur und Kulinarik bieten zweifelsohne genug Stoff, um nicht nur einen Urlaub im Veneto zu füllen. Aber auch wer des Sightseeings einmal überdrüssig sein sollte, muss nicht darben. Aktivurlauber und Naturliebhaber finden genug Möglichkeiten, um sich „auszutoben", und können dabei en passant noch die eine oder andere Sehenswürdigkeit erkunden.

1 Paddeln in der Serenissima

Venedig hautnah: Vom Kajak aus bieten sich unvergessliche Einblicke in das geschäftige Treiben und die zugleich gemütliche Lebensweise der Venezianer. Wer nicht auf eigene Faust durch die Lagunenstadt paddeln oder sie bei der 30 Kilometer langen „Vogalonga"-Parade im Mai erleben möchte, kann sich den erfahrenen Führern von Venice Kayak anschließen.

Via Servi di Maria 41, Venedig, Tel. 034 64 77 13 27, www.venicekayak.com; Halbtagestour 95 €, Tagestour 125 €, Abendtour 160 €

2 Picknick auf der Klosterinsel

Erst geht es auf den Rialto-Markt, dann mit dem Vaporetto nach Burano – und mit einem privaten Boot weiter nach San Francesco des Deserto: Das Mini-Eiland, nur 300 Meter lang und 170 Meter breit, gilt als eine der schönsten Inseln der Lagune. Gerade mal neun Menschen leben hier – acht davon als Mönche im Kloster, das sich hinter hohen Zypressen versteckt. Zum Lustwandeln laden der Garten mit seinen Pinien und Palmen sowie die beiden Kreuzgänge ein; schöne Picknickplätze säumen den Spazierweg zur Wasserseite.

Di.–So. 9.00–11.00, 15.00–17.00; www.sanfrancescodeldeserto.it

3 Radeln auf dem Lido

Seit 2010 hat auch Venedig ein Stadtradsystem: Bike-sharing Venezia. Die Räder dürfen jedoch nicht auf den Laguneninseln genutzt werden, sondern nur auf dem Lido, wo es zwei Stationen gibt – eine am Piazzale Santa Maria Elisabetta (Vaporetto-Station), eine zweite in der Via Candia an der Lion's Bar. Auf dem schmalen Nehrungsstreifen verläuft denn auch der Klassiker der elf markierten Radrouten von Venedig – vom Lido über Pellestrina nach Chioggia und retour. 50 Kilometer ohne jegliche Steigungen, dafür mit wunderschönen Ansichten und Ausblicken.

www.comune.venezia.it

4 Schippern auf dem Brenta-Kanal

Von Ostern bis Ende Oktober schippern schnittige Ausflugsboote auf dem Brenta-Kanal zwischen Venedig und Padua und halten an prachtvollen Villen, die mit Führer besichtigt werden. Zum Ausflugspaket gehört ein typisch italienisches Mittagessen an Bord sowie alle Bustransfers.

Il Burchiello, Via Porciglia 34, Padua, Tel. 049 8 20 69 10, www.ilburchiello.it; Halbtagestour 65 €, Tagestour 99 €, Lunch an Bord 22, 29 €

5 Wanderung auf den Monte Pastello

Die steilen Bergspitzen der Monte Lessini mit ihren Hochalmen, Wildblumen und Fossilien sind ein wunderbares Wandergebiet. Traumhafte Ausblicke über diese Region bietet der Monte Pastello (1128 Meter), zu dem von Fumane aus in zweieinhalb Stunden der Sentiero Azzuro hinaufführt. Noch etwas höher – 1150 Meter – liegt das Croce delle Scalette del Pastello mit Paradeblicken auf das Etschtal und den Monte Baldo. Wer bleiben möchte, findet im Paroletto grundsolide Kost und Logis.

Fumane, Tel. 045 7 72 00 12, www.paroletto.it

6 Naturtour im Po-Delta

Alberto Barini kennt sich bestens aus in der Flora und Fauna des artenreichen Po-Deltas. Von seinem Agroturismo La Presa in Taglio di Po startet er in schmalen Booten zu Exkursionen in die amphibische Wunderwelt.

Via Cornera 12, Taglio di Po – Rovigo, Tel. 338 8 68 34 31, http://lapresa.it

7 Kraxeln in Arco

20 Kilometer Felswand von 100 bis 1200 m Höhe machen das Sarcatal zum Eldorado für Kletterer. Anfänger und Experten kommen zwischen Colodri und Piccolo Dain gleichermaßen auf ihre Kosten. Zu den beliebtesten Zielen für die ganze Familie gehört der sonnige Klettersteig, der gegenüber des Schwimmbades von Arco den Colodri aufsteigt. Vom Gipfel eröffnen sich traumhafte Ausblicke Richtung Riva, Torbole, Monte Brione und Gardasee. Zurück geht es im großen Bogen um den Burgberg auf einem markierten Wanderweg hinab nach Arco (Karte: *Alto Garda*, 1 : 25 000, LagirAlpina).

8 Flugsafari in Venetien

Beste Thermik und ein Spa am Landeplatz – Moni Eller gerät ins Schwärmen, wenn sie von ihren Gleitschirmflügen in Bassano erzählt: Seit 1986 lässt sich die blonde Fluglehrerin dort mit ihren Schülern vom Hangaufwind an der langen Geländekante des Monte Grappa emportragen, kreist in der Thermik und endet nach langem Flug wieder im Tal. Für alle Paraglider mit A-Lizenz bietet sie eine Venetien-Flugsafari (490 €/Woche) an, bei der auch Levico, Feltre oder Revine Lago auf dem Programm stehen.

www.papillon.de/venetien-paragliding.html

9 Zu Fuß durch die Schlucht

Mit ihren Strudellöchern, die drei Sturzbäche in die Felsen gegraben haben, gehört die wildromantische Klamm Forra della Cellina zwischen Molassa und Montereale Valcellina zu den schönsten Schluchten der Friulanischen Dolomiten. Die alte Fahrstraße, seit der Ernennung zum Naturschutzgebiet für alle Fahrzeuge – auch Fahrräder! – gesperrt, ist heute ein fünf Kilometer langer Wanderweg durch das Naturwunder.

www.parcodolomitifriulane.it/natura/riserva-naturale-forra-del-cellina

10 Freeriding in Alleghe

Ein gewaltiger Erdrutsch schuf das Idyll der östlichen Dolomiten: einen wunderschönen See, auf dessen Halbinsel sich Alleghe mit Bars, Restaurants und Hotels drängt. Über dem Ort erheben sich drei Giganten: der Monte Civetta, der Monte Pelmo und die Marmolada. Im Sommer schultern Mountainbiker ihr Zweirad und schwingen sich mit Seilbahnen hinauf zu epischen Singletrails, die auch Fortgeschrittenen einiges abverlangen. Am Col dei Baldi lockt mit dem Civetta Superbike die erste ausgeschilderte Mountainbike-Strecke der Dolomiten: mit 75 Kilometern und 3700 Höhenmetern eine echte Herausforderung.

www.dolomiti.org/de/alleghe/winter/SKIBERG STEIGEN-FREERIDE

Maßstab 1:320.000
0
3
6km
Cortina d'Ampezzo
Gruppo delle Marmarole
Valle d'Ansiei
Auronzo di Cadore
Pieve di Cadore
Borca di Cadore
S.Vito di Cadore
M.Antelao
M.Pelmo
Longarone
Parco
Nazionale
Dolomiti
Friulane
Dolomiti
Bellunesi
Belluno
Ponte nelle Alpi
Feltre
Fonzaso
Mel
Valdobbiadene
Strada del Prosecco
Pieve di Soligo
Vittorio Veneto
Conegliano
Asolo
Montebelluna
il Montello
Bassano del Grappa
Castelfranco Veneto
Cittadella
Treviso
Spresiano
1
2
3
4
5
6

Wo (Dolomiten-)Träume wahr werden

Venetien erstreckt sich hier weit in den Norden – und hoch hinauf. In Cortina d'Ampezzo treffen sich im Winter Skifahrer und im Sommer Dolomitenkletterer. Weiter draußen im Hügelland liegen die hübschen Städte Bassano, Belluno und Feltre, wo zwischen der dichten Altstadtbebauung immer mal wieder ein Blick auf steile Felsen möglich ist.

1 Treviso

Das Städtchen (85 000 Einw.) liegt nur rund 25 km von Venedig entfernt. Im 16. Jh. bauten die Venezianer einen Befestigungsring um die Bischofsstadt, innerhalb dessen befindet sich die Altstadt, durchflossen von Sile und Botteniga und Kanälen, *Buranelli* genannt.

SEHENSWERT

Der **Duomo San Pietro** ist im heutigen Zustand ein Konglomerat aus Stilen vom 11. bis zum 19. Jh.; sehenswert die romanische Krypta sowie in der Capella Malchiostro eine „Verkündigung" Tizians. Die **Piazza dei Signori** wird als Zentrum der Altstadt umrahmt vom Palazzo dei Trecento von 1210, der Loggia dei Cavalieri und dem Palazzo Pretorio aus dem 17. Jh. Etwas abseits liegt die gotische Kirche **San Nicolò** mit Tommaso da Modenas Fresken von 1352.

UMGEBUNG

In **Possagno**, 35 km nordwestl. von Treviso, lohnt das in mehrere Gebäude aufgeteilte Museo Canova einen Besuch. Der Tempel von Canova wurde 1819–1830 nach Plänen von Canova gebaut, er umfasst die Grabstätte des 1757 geborenen Künstlers sowie der Gipsothek mit Gipsmodellen der Marmorarbeiten. Zu besichtigen ist auch das Wohnhaus des Bildhauers (Erw. 10 €, Via Canova 84, 31054 Possagno, Di. bis So. 9.30–18.00 Uhr, www.museocanova.it).

INFORMATION

IAT, Piazzale Duca D' Aosta 25,
I-31100 Treviso, Tel. 0422 54 76 32,
http://turismo.provincia.treviso.it,
http://visittreviso.it

2 Belluno

Die Provinzhauptstadt (35 900 Einw.) liegt auf einem 389 m hohen Felsplateau über dem Piavetal. Auf diesem Moränenkegel ist noch die ursprüngliche Stadtanlage der römischen Siedlung zu erkennen, veredelt durch Renaissancebauten und venezianische Prägung. Am besten erreicht man die Stadt, wenn man das Auto auf dem riesigen Parkplatz Lambioi zu Füßen des Ortes abstellt und dann über mehrere Rolltreppen direkt zur Piazza del Duomo schwebt.

Tempel von Canova in Possagno, verschneite Berglandschaft im Cadore, Blick auf Belluno

SEHENSWERT

Promeniermeile ist die **Piazza dei Martiri**. Den **Domplatz** umstehen der **Palazzo dei Rettori Veneziani** und der alte **Bischofspalast** mit noch einem der drei Türme von 1190. Im Süden erhebt sich der gewaltige, im 16. Jh. erbaute **Dom** mit Krypta und einem Altarbild, das den hl. Martin zeigt. Ungewöhnlich für Norditalien ist der frei stehende **Campanile** aus dem Barock. Die **Piazza delle Erbe** oder auch Piazza del Mercato ist das mittelalterliche Herz Bellunos. Sie wird umrahmt von Gebäuden aus dem frühen 16. Jh. wie dem Monte di Pietá, dem Pfandleihhaus von 1501. Auf dem Platz steht der älteste Steinbrunnen Bellunos, gewidmet San Lucano, erbaut 1317. Tgl. Gemüsemarkt.

MUSEEN

In der **Pinakothek** im Museo Civico sind Maler Venetiens ausgestellt, ferner die Belluneser Meister des 17. und 18. Jhs., Bildhauer Andrea Brustolon und Sebastiano Ricci (Erw. 8 €, Di. bis Fr. 9.30–12.30, 15.30–18.30 , Do. Nachmittag geschl., Sa./So. 10.00–18.30 Uhr, https://mubel.comune.belluno.it).

ESSEN

Die **€ / € € Enoteca Mazzini** (Piazza Mazzini 6, Tel. 0437 94 83 13, Mi. Ruhetag) liegt etwas versteckt. Das bei Einheimischen beliebte, wenn auch etwas düstere Lokal ist recht rustikal.

UMGEBUNG

Vittorio Veneto, etwa 20 km südl., entstand 1866 als Zusammenschluss zweier Orte. Benannt wurde es zu Ehren des ersten Königs des gerade vereinten Italiens, Vittorio Emanuele II. Aus Ceneda, dem heute südlichen Stadtteil Vittorio Venetos, stammte Lorenzo da Ponte, Librettist berühmter Mozartopern wie „Le nozze di Figaro" und „Don Giovanni". In einem Flügel der **Villa Buzzati** (5 km südwestl.)

aus dem frühen 18. Jh. wurde das € **Bed & Breakfast Villa Buzzati** eingerichtet (Via Visome 18, loc. Anconetta, 32100 Belluno, Tel. 0437 92 64 14, www.villabuzzati.com).

INFORMATION
Dolomiti Turismo S.R.L. – Ufficio Informazioni Turistiche, Piazza del Duomo 2, I-32100 Belluno, Tel. 0437 95 87 16, www.infodolomiti.itwww.provincia.belluno.it

3 Pieve di Cadore

Der kleine Ort (3800 Einw.) liegt hübsch zwischen Bergen und Hügeln am Zusammenfluss von Piave und Boite auf 878 m Höhe. Hier wurde um das Jahr 1490 Tiziano Vecellio, genannt Tizian, geboren.

„Die Dolomiten sind die schönsten Berge der Welt“

Reinhold Messner

MUSEEN
Das **Geburtshaus Tizians** ist ein ländliches Holzhaus im Ortszentrum. Ausgestellt werden historische Möbel und Repliken einiger Gemälde Tizians (Erw. 4 €, Ende Mai–Mitte Okt. tgl. 10.00–12.30, 15.30–18.30, Mitte Juli–Ende August tgl. 10.00–19.00 Uhr, sonst nach Voranmeldung unter Tel. 0435 3 22 62, www.tiziano vecellio.it). Das **Museo dell' Occhiale di Pieve di Cadore** (Brillenmuseum) neben dem Geburtshaus Tizians zeigt über 2000 Brillen, Monokel und Ähnliches (Erw. 2 €, Via Arsenale 15, 32044 Pieve di Cadore, www.museodel locchiale.it, Sept.–Juni Di.–Sa. 9.30–12.30 u. 15.30–18.30, Juli–Aug. tgl. 10.00–18.30 Uhr). Der Südtiroler Schriftsteller, Filmemacher und Bergpionier Reinhold Messner hat mit seinem beeindruckenden Projekt **MessnerMountain Museum** sechs großartige Bergmuseen initiiert und finanziert. Eines davon liegt in der Nähe von Cibiana di Cadore: Das MMM Corones zeigt eine Galerie einmaliger Dolomitenbilder (Erw. 7 €, Tourticket für Firmian, Juval, Ortles, Ripa u. Dolomites 35 €, Shuttlebus Hin und Rückfahrt 12 €; nur Hinfahrt 8 €, nur Rückfahrt 6 €, Monte Rite, 32040 Cibiana di Cadore, 1. Sa. im Juni–2. So. Okt., Ende November–Mitte April (entsprechend den Öffnungszeiten der Seilbahnen) tgl.10.00–16.00 Uhr, www.messner-mountain-museum.it); von Juni bis Sept. fährt ein Shuttlebus vom Passo Cibiano zum Monte Rite (tgl. 9.00–18.00 Uhr), sonst Wanderweg (2 Std.); man kann dort auch übernachten.

UMGEBUNG
In **Vigo di Cadore**, 13 km nördl. von Pieve di Cadore, ist die kleine Kirche Sant'Orsola reich mit gotischen Fresken geschmückt. Im Dörfchen **Cibiana di Cadore**, 13 km südwestl. von Pieve di Cadore, entstehen seit den 1980er-Jahren immer mehr *murales* (moderne Wandmalereien).

INFORMATION
Dolomiti Turismo S.R.L. – Ufficio Informazioni Turistiche, Piazza del Duomo, 2, I-32100 Belluno, Tel. 0437 95 87 16, www.infodolomiti.it, www.comune.pievedicadore.bl.it

4 Cortina d'Ampezzo

Der zu Füßen gewaltiger Berge gelegene Ort (5928 Einw.) bezeichnet sich gern als Perle der Dolomiten **TOPZIEL**. Im Sommer ist es hier so lebhaft wie im Winter, wenn Italiens High Society Ski fährt und auf dem Corso d'Italia teure Skianzüge und Pelzmäntel spazieren trägt. In Cortina, das schon seit der Zeit der Habsburger ein berühmter Ferienort war, bestimmen große alte Hotels das Ortsbild. Nur gut, dass der Kirchturm hoch ist und doch noch alles überragt.

MUSEEN
Das **Museo d'Arte Moderna „Mario Rimoldi"** ist eine der wichtigsten italienischen Privatsammlungen für die Klassische Moderne italienischer Maler. Zudem gibt es in der Via Marangoni, neben der Kirche, das **Museo Etnografico Regole d'Ampezzo** sowie das **Museo Paleontologico Rinaldo Zardini** (Erw. pro Museum 8 €, Pass für 3 Museen 10 €, Öffnungszeiten für alle drei Museen: Mitte bis Ende Juni Di.–So. 15.30–19.30, Juli/Aug. tgl. 10.30–13.00, 15.30–19.30 Uhr, www.musei. regole.it).

VERANSTALTUNG
Beim **Coppa d'oro delle Dolomiti** am ersten September-Wochenende fahren Oldtimer die Pässe rund um Cortina. Ihre Parade endet mitten im Ort (www.coppadorodelledolomiti.it).

Piazza Maggiore in Asolo und Felsnadeln der Cinque Torri bei Cortina d'Ampezzo – und über all dem lacht der Himmel.

EINKAUFEN
Im Kaufhaus **La Cooperativa di Cortina** findet man seit 1893 eine große Auswahl an regionalen Lebensmitteln, Wanderkarten und Büchern. Und wer seine Wander- oder Skikleidung vergessen hat, sollte in den Sportgeschäften das Passende finden (www.coopcortina.com).

UNTERKUNFT
Das € **Hotel Montana** mit viel moderner Kunst in den Zimmern und Fluren steht direkt gegenüber der Kirche. Für die sonstigen Cortina-Verhältnisse ist es ein Schnäppchen (Tel. 0436 86 21 26, www.cortina-hotel.com)!

INFORMATION
Touristischer Info-Point, Piazza Roma, 32043 Cortina d'Ampezzo (BL) Tel. 0436 86 90 86, www.cortinadolomiti.eu

5 Feltre

Feltre (20 660 Einw.) ist ein hübsches, wenig besuchtes Städtchen. Auffallend sind die vielen freskierten Fassaden in der Altstadt.

SEHENSWERT
Über einsame Treppen steigt man auf in die Altstadt. Die **Via Mezzaterra** ist die Hauptachse, viele reich verzierte Palazzi säumen sie. Von der **Piazza Maggiore** steigt die Freitreppe zum **Castello di Alboino** an.

VERANSTALTUNG
Beim **Palio di Feltre** (www.paliodifeltre.it) wird in der ersten Augustwoche an die Zugehörigkeit Feltres zu Venedig (1404) erinnert. In Wettkämpfen wie Bogenschießen und Reiten messen sich die einzelnen Stadtviertel miteinander.

MUSEUM
Das Besucherzentrum Uomini di Valle Imperina im ehemaligen Wasserstromwerk ist ein **Museum zum Kupferbergbau**. Vorgestellt werden historische Werkzeuge; ein Rundgang führt in die Geschichte des Bergbaus ein (Eintritt frei, Valle Imperina, nahe Agordo, www. dolomitipark.it, Mai/Juni u. Sept./Okt. Sa./So. 13.30–18.30, Juli/Aug. tgl. 13.30–18.30 Uhr).

ÜBERNACHTEN
Sehr zentral und doch sehr ruhig, sind die drei geräumigen, mit Antiquitäten geschmackvoll

eingerichteten Gästezimmer der **€ / € € Villa Tina** (Via G. Garibaldi 54, Tel. 03 83 48 68 70, www.villatinafeltre.it).

INFORMATION
Ufficio del Turismo
Piazza Trento-Trieste 9, I-32032 Feltre
Tel. 0439 25 40, www.infodolomiti.it

6 Bassano del Grappa

Imposant liegt Bassano del Grappa (43 400 Einw.) auf einem 130 m hohen Plateau mit weitem Blick auf die Berge. Die hölzerne Jochbrücke über die Brenta, die Ponte degli Alpini, entwarf Andrea Palladio. Wie viele Städte der Region war auch Bassano in den Weltkriegen stark umkämpft.

SEHENSWERT
An der **Piazza Garibaldi** steht die Kirche San Francesco aus dem 13. Jh., von Häusern des 15. und 16. Jhs. umgeben ist die kleine **Piazza della Libertà.** Einige Geschäfte in der Altstadt verkaufen *baccalà* (Stockfisch).

MUSEEN
Im Grappamuseum **Poli Museo della Grappa** lernt man, wie Grappa entsteht. Natürlich kann man das Kultgetränk auch verkosten und kaufen (Eintritt frei, Ponte Vecchio, tgl. 9.00–19.30 Uhr, www.poligrappa.com). Gleich neben dem Museum lädt Poli zur Besichtigung der Destillerie (Erw. 8 € inkl. Verkostung, 9.00–13.00, 14.00–19.00 Uhr). Das **Museo Civico** im Kloster San Francesco zeigt archäologische Funde und einiges zur Stadthistorie (Piazza Garibaldi 34, Erw. 7 €, Mi.–Mo. 10.00–19.00 Uhr, www.museibassano.it).

ESSEN
In der **€ / € € Osteria Terraglio** treffen sich junge Einheimische. Der Wirt „rezitiert" die Speisekarte; es gibt Regionales wie frische Steinpilze mit gehobeltem Parmesan, aber auch Wildlachs aus Norwegen (Piazza Terraglio 28, Bassano, Mo. geschl., Tel. 04 24 52 10 64, www.osteriaterraglio.it).

UMGEBUNG
Der **Monte Grappa** war ein im Ersten Weltkrieg schwer umkämpfter Berg. **Asolo** liegt in den Hügeln östlich von Bassano, auf dem Friedhof liegt Eleonora Duse begraben. Die Villa di Maser in **Barbaro** (8 km östlich von Asolo) entwarf Palladio (um 1560), sie beherbergt Fresken von Veronese und ein Kutschenmuseum (Erw. 9 €, Nov.–Feb. Sa./So. 14.30 bis 17.00, März, Juli, Aug. Di., Do. u. Sa. 10.00 bis 18.00, So. 11.00–18.00, April–Juni, Sept.–Okt. Di.–Sa. 10.00–18.00, So. 11.00–18.00 Uhr, www.villadimaser.it).

INFORMATION
Piazza Garibaldi 34
I-36061 Bassano del Grappa
Tel. 04 24 51 99 17
http://www.bassanodelgrappa.gov.it

Genießen Erleben Erfahren

DuMont Aktiv

Wenn der Berg ruft, ...

... dann muss man hinauf, das wusste nicht nur Luis Trenker. Das Dolomitenpanorama ist großartig. Auch wenn man es sehr gut von der Terrasse eines Restaurants oder bei einer Autofahrt bewundern kann, ist es natürlich sehr viel schöner, sich den Bergen zu Fuß zu nähern. Und wer ganz hoch hinaus will, der kann mit Händen und Füßen sogar klettern.

Als Ausgangspunkt für Touren etwa in den Cinque Torri, einer Felsformation in der Nähe von Cortina d'Ampezzo, bietet sich die **Cinque-Torri-Hütte** an. 1904 als Hotel gebaut, hat sie neben guter Küche und traumhafter Lage auf 2137 Metern noch den Vorteil, dass man mit dem Auto bis vor die Türe fahren kann. All das hat sich allerdings herumgesprochen, deshalb sollte man frühzeitig reservieren, um dort sein Basislager für Wanderungen oder alpine Klettertouren aufschlagen zu können. Auch wer das Klettern erst einmal versuchen möchte, könnte hier beginnen, dann aber am besten mit einem Bergführer. Tagestouren kosten etwa 150 Euro, die Tarife kann man in den Bergführer-Büros erfragen.

Zum Wandern sehr gut geeignet ist auch der weitläufige **Parco Naturale delle Dolomiti d'Ampezzo**. Hier gibt es etwa auf dem Ciampo de Crosc eine eineinhalbstündige Wanderung, die alten Militärstraßen folgt.

Wer's rasanter mag, kann sich in die **Bobbahn Eugenio Monti** wagen, die 1956 für die Olympischen Winterspiele gebaut wurde.

Großartige Landschaftseindrücke vermittelt schließlich eine Fahrt mit der **Seilbahn Freccia nel Cielo** auf die 3244 m hohe Tofana di Mezzo. Das allerdings ist dann wieder fast wie der Blick von der Restaurant-Terrasse aus. Wer sich noch bewegen möchte, kann wenigstens hinunter wandern. Man folgt dem Kaiserjäger-Weg, vorbei an Schautafeln, die von den Kämpfen im Ersten Weltkrieg in diesen Bergen erzählen.

Weitere Informationen

Cinque Torri Hütte
www.5torri.it

Bergsteigerbüro Guide Alpine Cortina
www.guidecortina.com

Naturschutzpark Parco Naturale delle Dolomiti d'Ampezzo
www.dolomitiparco.com

Seilbahn Freccia nel Cielo
www.frecciancielo.com

Alpine Bergkletterer finden in den Dolomiten wie hier in den Cinque Torri ein Paradies vor.

Gondoliere bei einem Päuschen, junge Italiener beim Bad am Lido von Pellestrina, Ruhe vor dem karnevalistischen Sturm

Service

Keine Reise ohne Planung. Auf den folgenden Seiten haben wir für Sie Wissenswertes und wichtige Informationen für Ihren Venetien-Urlaub zusammengefasst.

Anreise

Bei der Einreise von Deutschen, Schweizern und Österreichern nach Italien genügt der gültige Personalausweis. Seit Mitte 2012 müssen auch für Kinder gültige Reisedokumente mitgeführt werden.

Mit dem Flugzeug: Der internationale Flughafen Venedig-Marco Polo (VCE, www.veniceairport.it), der 12 km entfernt auf dem Festland bei Tessera liegt, wird u. a. von Lufthansa, easyJet, Germanwings und TUIfly angeflogen. Vom Flughafen Marco Polo verkehren Busse der ATVO (blaue Busse, www.atvo.it) und ACTV (gelbe Busse, www. actv.it) zum Einheitspreis von 8 € zur Piazzale Roma (hin und zurück 15 €, Fahrtdauer ca. 25 Minuten). Der AeroBus kostet 12 €, das Ticket berechtigt bis zu 90 Minuten nach der Entwertung im Bus zur Nutzung der Vaporetti. Expressbusse fahren ferner Treviso, Padua und den Bahnhof von Mestre an, von wo aus Züge nach Venedig Santa Lucia pendeln. Taxis kosten ab 40 € in die Stadt (offizielle Tarife, Streckeninfo und Buchung: www.radiotaxivenezia.com). Preisgünstiger als die Wassertaxis (ab 120 €) sind die langsameren Fähren von Alilaguna (www.alilaguna.com). Einzelkarten nach Venedig, zum Lido und zum Kreuzfahrt-Terminal kosten einfach 15 €, hin und zurück 27 €, Kinder unter sechs Jahren fahren gratis. Achtung: Der Billigflieger Ryanair landet auf dem Aeroporto di Treviso „Antonio Canova" (www.trevisoairport.it), der rund 40 km nördlich von Venedig liegt. Von dort fährt die Buslinie 6 der ACTT (www.mobilitadimarca.it) in 20 Minuten zum Bahnhof von Treviso, von wo aus Züge in 20 Minuten Venedig erreichen. Die Busse der ATVO (www.atvo.it) pendeln zum Bahnhof von Mestre und zur Piazzale Roma. Der Flughafen Aeroporto di Verona/Garda Aeroporti (www.aeroportoverona.it, Tel. 045 8 09 56 66) wird aus D-A-CH von Air Domiti (www.airdolomiti.de), Eurowings (www.eurowings.com), Lufthansa (www.lufthansa.com) und Ryanair (www.ryanair.com) angeflogen.

Mit der Bahn: Gute Bahnverbindungen über die Brennerstrecke. Fahrplanauskunft und Reservierung für Italien: www.trenitalia.it oder www.bahn.de. Auskunft Deutsche Bahn: Tel. 01806 99 66 33.

Von München, Zürich und Wien ist man in etwa acht Stunden in Venedig, von Frankfurt/Main in etwa 13 Stunden. Eine so stilvolle wie atmosphärische Anreise ermöglicht der Venice Simplon-Orient-Express: Der Luxuszug verkehrt mehrmals wöchentlich zwischen Venedig und Paris bzw. London (www.orient-express.eu).

Mit dem Auto: Es genügen der nationale Führerschein und die üblichen Kfz-Papiere. Der schnellste Weg führt über den Brennerpass (www.asfinag.at, Sondermaut 9 €, keine Vignettenpflicht!). Bei Automobilclubs sowie an Tankstellen und Postämtern in der Nähe der Grenze, sowohl in Deutschland als auch in Italien, kann die Videomaut für die Brenner-Autobahn im Voraus bezahlt werden. Bei der Bezahlung wird das Kfz-Kennzeichen registriert. Beim Einfahren in die Videomaut-Spur wird das Kennzeichen gelesen und die Schranke öffnet sich. Für die Benutzung der Autobahnen in Österreich besteht Vignettenpflicht. Es gibt Jahres-, Zweimonats- und Zehn-Tages-Vignetten, erhältlich bei Automobilclubs sowie an (Autobahn-)Tankstellen und Postämtern in Österreich bzw. in der Nähe der Grenze (Pkw 10 Tage 9 €, zwei Monate 26,20 €, Jahr 87,30 €; Motorrad 5,20/13,10/34,70 €). Über die Maut auf Italiens Autobahnen informieren deren Betreiber auf www.autostrade.it.

Mit dem Fahrrad: Seit 2001 gelten auch für Fahrradfahrer neue Regeln. Für Kinder unter 14 Jahren besteht Helmpflicht; wer in der Dämmerung oder nachts unterwegs ist, muss eine Warnweste tragen.

Tipp

Venedig ganz privat

Seit mehr als zehn Jahren lebt der deutsche Schauspieler Ulrich Tukur mit seiner Frau Katharina John in Venedig. Gemeinsam veröffentlichten die beiden das auch als Audiobook erhältliche Buch **Die Seerose im Speisesaal: Venezianische Geschichten**. Zusammen mit ihrer italienischen Freundin Miriam Fiordeponti zeigt Katharina John Besuchern auch auf **individuell abgestimmten Touren** die private, versteckte Seite der Lagunenstadt.

KONTAKT
www.vitavinoviaggi.com

Blick zurück – der Dom von Verona im Rückspiegel eines Mopeds

Auskunft

In Deutschland: Italienisches Fremdenverkehrsamt (ENIT), Barckhausstr. 10, D-60325 Frankfurt/Main, Tel. 069 23 70 69, www.enit.de
In Österreich: ENIT, Mariahilfer Straße 1b/Top XVI, A-1060 Wien, Tel. 01 5 05 16 39, www.enit.at
In der Schweiz: In Zürich will die ENIT 2018 ein neues Büro eröffnen; es soll in die Räume des Italienischen Generalkonsulats ziehen, Tödistr. 65, 8002 Zürich, www.conszurigo.esteri.it/consolato_zurigo

Auto-/Motorradfahren

Die wichtigsten Regeln: Wer sein Fahrzeug außerhalb geschlossener Ortschaften verlässt und sich auf der Fahrbahn aufhält, muss eine reflektierende Warnweste tragen. Auf italienischen Autobahnen und Staatsstraßen muss das Abblendlicht auch am Tage eingeschaltet sein, in bewohnten Gebieten darf tagsüber ohne Licht gefahren werden. Wer ohne die vorgeschriebene Beleuchtung fährt, riskiert ein Bußgeld von 35–143 €. Seit 2011 muss an Zebrastreifen gehalten werden, sonst drohen 150 bis 600 € Bußgeld. Promillegrenze ist 0,5, Überschreitungen kosten mindestens 500 €, bei mehr als 1,5 Promille wird das Auto beschlagnahmt. Telefonieren am Steuer ist mit Freisprecheinrichtung oder Kopfhörer erlaubt; wer mit dem Handy in der Hand telefoniert, riskiert Geldbußen von mindestens 160 €! Motorisierte Zweiräder müssen auf allen Straßen grundsätzlich mit Abblendlicht fahren. Ausländer, die bei einem Verstoß gegen die Straßenverkehrsordnung erwischt werden, werden sofort zur Kasse gebeten. Wer kein Geld dabei hat, dem wird der Führerschein als Pfand abgenommen, es kann aber auch das Fahrzeug beschlagnahmt werden. Die Geschwindigkeitsbegrenzung auf Autobahnen beträgt 130 km/h, auf dreispurigen Autobahnen kann bei entsprechender Beschilderung 150 km/h gefahren werden. Geschwindigkeitsübertretungen können teuer werden (z. B. bei 20 km/h zu schnell ab 170 €). Wer als Motorrad- oder Scooterfahrer ohne Helm unterwegs ist, muss mit Geldbußen von 78 bis 311 € rechnen.
Gespannfahrer aufgepasst: Auf der italienischen Brenner-Autobahn vom Brenner bis Ala-Avio besteht für Pkw mit Wohnwagen bzw. Anhänger ein Überholverbot. Die Regelung gilt in der Zeit von 6.00 bis 22.00 Uhr, zwischen Brixen und Klausen den ganzen Tag.

Bahn und Bus

Bahn: Die Bahnstrecke Mailand-Venedig wird in der Regel viel frequentiert. Infos unter (www.trenitalia.it). Eine weitere Bahnverbindung führt von Trento über Bassano oder über Feltre, Belluno und Treviso nach Venedig.
Bus: Italien verfügt über ein dichtes Busnetz. Fahrpläne sind bei den Fremdenverkehrsämtern erhältlich. Weitere Informationen erhält man bei ATVO (Azienda Trasporti Veneto Orientale S.p.A.), dem Busverbund für Venedig und das östliche Veneto (Piazza IV Novembre 8, San Donà di Piave, Venezia, Tel. 0421 59 44, www.atvo.it). Fahrscheine müssen vor Antritt der Fahrt gelöst und im Bus entwertet werden. Es gibt sie in *tabacchi* und oft auch an Zeitungskiosken.

Essen und Trinken

In der Küche des Veneto und Venedigs gibt es viel Fisch, schließlich gilt Chioggia als größter Fischmarkt Italiens. Doch das fruchtbare Hinterland mit seinen landwirtschaftlichen Produkten ist mindestens genauso wichtig für den Speisezettel. Hier spielt sowohl Reis eine große Rolle, der in der Ebene entlang des Po angebaut wird, als auch Mais. Risi e bisi, Reis mit Erbsen, ist eines der hiesigen traditionell-einfachen Gerichte, und Polenta, von fast flüssig wie Kartoffelbrei bis zu schnittfest gebacken, fehlt selten auf einem Teller.
Eine Spezialität der Region ist Aal in allen Varianten von gegrillt bis gedämpft. Fische, Muscheln, Meerestiere werden oft einfach gegrillt. Bekannt ist der Radicchio von Treviso. Er wird als Salat angeboten, aber auch gebacken.
Berühmt ist *fegato alla veneziana,* Kalbsleber mit Zwiebeln. Kalbsgulasch, *spezzatino*, wird meist mit Polenta serviert. Zu den bekanntesten Käsesorten zählt der Grana Padano, dem Parmesan eng verwandt, meistens aber etwas

Info

Daten & Fakten

Geografische Lage: Venetien liegt im Nordosten Italiens, die Region reicht vom Meer bis in die Alpen. Östlicher Nachbar ist Friaul, im Norden grenzen Österreich und Südtirol-Trentino an die Region, im Westen die Lombardei und im Süden die Emilia Romagna. Zu den schönsten Bergregionen der Alpen gehören die Belluneser Dolomiten im Norden, bekanntester See ist der Gardasee im Westen, im Süden liegt die weite Ebene des Po, des mit 652 km längsten Flusses Italiens, und im Osten das Meer mit der Lagune von Venedig, der Hauptstadt der gleichnamgen Provinz wie der Region Venetien.
Politik: Italien ist seit 1946 eine Republik, Regierungssitz ist Rom. Das Parlament besteht aus zwei Kammern, Abgeordnetenhaus und Senat. Die Republik gliedert sich in 20 Regionen.
Bevölkerung: Zur behandelten Region gehören dünn besiedelte Landstriche wie Berggebiete und bevölkerungsreiche Gegenden wie das Umland von Venedig. Landessprache ist Italienisch. Italiener sind zu 90 Prozent römisch-katholisch, jedoch ist die katholische Religion seit 1984 nicht mehr Staatsreligion.
Bevölkerungsdichte: 202 Einw. pro km².
Einwohner: Italien hat 60,7 Mio. Einw. In den sieben Provinzen des Veneto leben 4,9 Mio. Menschen.
Wirtschaft und Verkehr: Italien ist Gründungsmitglied der Europäischen Gemeinschaften und Mitglied der G7. Seinen größten Anteil des BIP erwirtschaftet Italien im Dienstleistungssektor. Die durchschnittliche Arbeitslosigkeit liegt landesweit bei 11,2 %, im Veneto bei 4,8 % und im Süden Italiens bei 20,5 %. Alarmierend ist die Jugendarbeitslosigkeit: 32,2 % der Italiener unter 25 Jahren haben keinen Job, immer mehr junge Menschen wandern ins Ausland ab. Es gibt kaum mittelständische Betriebe, sondern viele Konzerne und zahllose Kleinbetriebe. Weniger als 10 % der Bevölkerung arbeiten in der Landwirtschaft, wenngleich über 50 % der Gesamtfläche landwirtschaftlich genutzt werden – in großem Stil in der Poebene.
Der Tourismus spielt eine große Rolle. Rund 52 Mio. Touristen reisten 2017 ins Land, davon fast 30 Mio. nach Venedig. Mehr als die Hälfte kamen als Tagestouristen; stark gestiegen ist die Zahl der Kreuzfahrtgäste (1,6 Mio.).

Leckereien aus Venetien: gefüllte Pasta aus Treviso, Grappa aus Bassano

Im Garten der Villa Pisani bei Padua

preisgünstiger als der Artverwandte. Ähnlich verhält es sich mit dem Schinken *prosciutto dolce* aus Montagnana, der so lecker wie der aus Parma schmeckt, aber weniger bekannt ist.

Feiertage und Feste

Feiertage: 1. Januar *capo d'anno* (Neujahr), 6. Januar *epifania* (Dreikönigstag), 19. März *San Giuseppe*, März/April *pasqua* (Ostern), 25. April *liberazione* (Tag der Befreiung vom Faschismus), 1. Mai *festa del lavoro* (Tag der Arbeit), Mai/Juni *ascensione* (Christi Himmelfahrt), *Lunedì di Pentecoste* (Pfingstmontag), *Corpus Domini* (Fronleichnam), 29. Juni Peter und Paul Festtag, 15. August *ferragosto* (Mariä Himmelfahrt), 1. November *ogni santi* (Allerheiligen), 8. Dezember *immacolata concezione* (Mariä Empfängnis), 25. Dezember *natale* (Weihnachten), 26. Dezember *Santo Stefano*.
Feste: *Februar* Karnevalsumzüge und natürlich der berühmte Carnevale di Venezia. *Ostern* In vielen Orten Karfreitagsprozessionen. *Juni* Palio delle Barche: ein Ruderwettbewerb auf dem Brenta (drittes Wochenende, Start in Stra bei Padua). *Juni–August* Arena di Verona, Opernfestspiele in der Arena. *August* Festa del Palio in Feltre, erstes Wochenende, ein historisches Reiterspiel; internationales Kammermusikfestival in Asolo. *September* Konzerte im Teatro Olimpico in Vicenza; Partita a Scacchi, Schachspiel mit historisch gekleideten Mitspielern in Marostica; Palio dei dieci comuni in Montagnana, ein Pferderennen um die Stadtmauer, jeden ersten September-Sonntag. *Oktober* Kastanienfeste (Castagnate) in vielen Dörfern, marroni werden auf den Plätzen in großen Pfannen geröstet. *Dezember* In vielen Dörfern Krippenausstellungen.

Gesundheit/Notruf

In Notfällen wendet man sich an den *pronto soccorso* (Erste Hilfe) oder die *guardia medica* (Notarzt).
Apotheken heißen in Italien *farmacia* und sind mit einem grünen Kreuz gekennzeichnet. Der Notruf ist gebührenfrei: Euronotrufnummer 112, sowohl vom Mobiltelefon als auch vom Festnetz. Weitere Notrufnummern: Feuerwehr 115 oder 112, Pannenhilfe 116, Waldbrandmeldung 1515, Küstenwache 1530. ADAC-Notruf: +49 89 22 22 22.

Hotels

Preiskategorien

€€€€	Doppelzimmer	über 330 €
€€€	Doppelzimmer	250–330 €
€€	Doppelzimmer	150–250 €
€	Doppelzimmer	bis 150 €

Info

Geschichte

191 v. Chr. Oberitalien wird römische Provinz (Gallia Cisalpina).
59–49 v. Chr. Gaius Julius Cäsar ist Statthalter von Gallia Cisalpina; Verona entwickelt sich als bedeutendes Zentrum.
4. Jh. Vorangetrieben durch den Mailänder Bischof Ambrosius breitet sich das Christentum im südlichen Alpenraum aus.
395 Nach der Teilung des Römischen Reichs fällt Norditalien Westrom zu.
5. März 421 Der Legende nach wird Venedig von Bewohnern anderer Städte gegründet, die vor Alerichs Westgoten flüchten.
452 Die Truppen des Hunnenkönigs Attila verwüsten Verona.
568–774 Herrschaft der Langobarden in Oberitalien.
697 Venedig wählt einen Dogen als Oberhaupt.
830 Baubeginn von San Marco in Venedig
bis 951 Karolinger und einheimische Fürsten ringen um die Macht in Oberitalien.
1000 Unter dem Dogen Pietro Orseolo besiegen die Venezianer Istrien und Dalmatien. Das begründet ihre jahrhundertelange Herrschaft an der Küste.
1099 Die Kreuzfahrer nehmen Jerusalem ein. Somit erstreckt sich das Handelsgebiet Venedigs bis ins Heilige Land.
ab 1200 Venedigs Hochblüte.
1260–1387 Die kaisertreuen Scaligeri (Skaliger) herrschen in Verona.
1348 Erdbeben und Pest setzen Venedig zu.
14./15. Jh. Die Mailänder Visconti gewinnen die Herrschaft über Verona. Venedig breitet sich im Hinterland aus und reicht zeitweise bis nach Bergamo.
ab 17. Jh. Venedig verliert an Einfluss und Macht und muss viele Gebiete an die Türkei und auch an Österreich abtreten.
1796 Napoléon erobert die Lombardei und Venetien.
1797 Venedig kommt zu Österreich, später zu Frankreich, dann wieder zu Österreich.
1821–1861 Zeit des Risorgimento, der Freiheitsbewegung zur Einigung Italiens.
1866 Österreich muss die Lombardei und Venetien dem 1861 gegründeten Königreich Italien abtreten.
1915–1918 Österreichische Flugzeuge bombardieren Venedig.
1946 Republik wird proklamiert.
1963 Bei Belluno rutscht ein Berg in einen Stausee ab, dadurch entsteht eine verheerende Flut, die über 2000 Menschen tötet.
1966 Verheerendes Hochwasser in Venedig.
1996 Der Führer der rechtsgerichteten Lega Nord, Umberto Bossi, ruft in Venedig den fiktiven Staat Padania aus.
2011 Venedig führt eine Tourismus-Steuer ein, mit der u. a. der Erhalt der kunsthistorischen Schätze finanziert werden soll.
2015 Venedig ist Referenzstandort der EXPO in Mailand.
2019 Nachdem schon 2014 eine neue Zugangsregelung für Kreuzfahrtriesen erlassen wurde, müssen sie künftig in Marghera festmachen.

Info

Reisedaten

Venedig auf einen Blick

Flug von Deutschland: Von Berlin nach Venedig ab 34,99 €
Inlandsverkehr: Bahnfahrt Venedig–Verona: je nach Zug und Reisezeit 9–27 €
Reisepapiere: Personalausweis oder Reisepass
Devisen: Italien gehört zur Eurozone
Mietwagen: ab 30 € pro Tag, 100 € pro Woche (unbegrenzte Kilometer, Versicherung)
Benzin: 1 Liter (Super 95) ca. ab 1,70 €
Hotel: Einfaches Doppelzimmer ab 130 €, im Veneto ab 80 €, Luxuskategorie ab 300 €
Menü à la carte: Drei-Gang-Menü ab 28 €
Einfache Mahlzeit: Pizza ab 9 €, Pasta ab 14 €, Fleisch ab 18 €, Fisch ab 25 €
Espresso: Tresen ab 1,30 €, Terrasse 3 €, Achtung: im Caffé Florian, San Marco, Venedig 19 € (Espresso 9 €, Musikzuschlag 10 €)
Ortszeit: MEZ / MSZ

Adressen siehe Infoseiten der Städte und Regionen. Die Preise differieren stark, in Venedig und Cortina d'Ampezzo sind sie am höchsten. Rund um Feste und Feiertage werden meist höhere Preise verlangt, teuerster Reisemonat ist der August – die Hauptreisezeit der dann auch gerne in kühlere Bergregionen ausschwärmenden Italiener.
Praktische Websites für die Bettensuche in Italien, vom Bauernhof bis zum Luxushotel, sind: www.italien.com und www.alberghi-in-italia.it
Bed & Breakfast: www.bed-and-breakfast.it
Agriturismo: www.agriturismo.it
Jugendherbergen gibt es in Verona, Vicenza und Padua (www.ostellidellagioventu.com).

Öffnungszeiten

Banken: Mo.–Fr. 8.30–13.30, 14.15–15.45 Uhr; Postämter: Mo.–Fr. 8.15–13.30, Sa. bis 12.00 Uhr; Geschäfte: Mo.–Fr. 9.00–12.30, 15.30 bis 19.30 Uhr. In vielen Orten haben die Geschäfte in den Fußgängerzonen bis 22.00 Uhr geöffnet. Lebensmittelläden öffnen auch am Sonntagvormittag. Restaurants bleiben am Nachmittag meist geschlossen.

Radfahren

Für Mountainbiker sind die nördlichen Regionen des Veneto ein ideales Revier – Hügel oder Berge, alles ist geboten. Der Rest der Region ist vor allem ein Paradies für Rennradfahrer. Jedenfalls macht es den Eindruck, wenn man auch nur irgendwo abseits der Autobahnen unterwegs ist: Radfahrer überall. Tosender Verkehr scheint den italienischen Sportradler nicht zu stören – in Gruppen oder auch solo, bekleidet wie für Etappen des Giro d'Italia, überall treten sie in die Pedale. Als Autofahrer kann man nur um- und vorsichtig fahren. Wer selber aufs Rad umsteigen möchte, sollte ebenfalls achtsam sein. Und nicht vergessen: Helme sind Pflicht!

Restaurants

Preiskategorien

€€€€	Hauptspeisen	über 50	€
€€€	Hauptspeisen	35–50	€
€€	Hauptspeisen	22–35	€
€	Hauptspeisen	bis 22	€

Adressen siehe Infoseiten der Städte und Regionen. Im Restaurant zu essen, ist in Italien nicht gerade preiswert, sofern man sich nicht nur an eine Pizza hält. Die gibt es meistens ab 9 €, Pastagerichte beginnen meist bei 14 € – hausgemachte frische Pasta kostet etwas mehr. Fisch vom Grill, wenn er nicht tiefgefroren ist, nicht unter 25 € zu haben. Das kleine Glas Wein am Tresen kostet mindestens 2,80 €, eine große Flasche Mineralwasser ab 4 € (Karaffen mit Leitungswasser gibt es meist noch kostenlos). Am günstigsten ist es in Pizzerien, Trattorien bereiten einfache Gerichte auf besserem Niveau, sind aber teurer. Je teurer ein Restaurant, desto dringender sollte man Plätze reservieren. Die Restaurantküchen servieren meist von 12.00 bis 15.00 und von 19.00 bis 22.00 Uhr warmes Essen, im Hochsommer abends länger. *Pane e coperto*, Brot und Gedeck, werden grundsätzlich berechnet (in der Regel 5 € pro Person). Unüblich ist es in Italien, sich in einem Restaurant einfach an einen freien Tisch zu setzen, geschweige denn, zu anderen hinzuzusetzen. Man wartet auf einen Kellner, der einem die freien Tische zeigt.

Souvenirs

Beliebte Mitbringsel sind Lebensmittel wie Salami, Käse, Wein und Olivenöl – am besten auf den Wochenmärkten oder in gut sortierten Supermärkten eingekauft. In allen – touristischen – Orten gibt es Spezialitätenläden, doch manchmal hält das Angebot dort nicht, was die Verpackung verspricht. Vor allem gilt das für Grappa, der gerne in Designerflaschen angeboten wird, um zu verbergen, dass sich dahinter einfachster Tresterschnaps verbirgt. Um sicher zu gehen, kann man sich im Veneto am besten auf Marken wie Nardini verlassen – den kauft man dann gleich vor Ort in Bassano del Grappa in der unprätentiösen Literflasche.
Wer guten Wein und Schnäpse mit nach Hause bringen möchte, sollte am besten eine Weinhandlung *(enoteca)* aufsuchen. In den Weinbaugebieten lohnt sich der Besuch der Weinkeller. Und natürlich gehört auch Glaskunst aus Murano zu den beliebten Souvenirs.

Blick von der Riva degli Schiavoni zur Klosterinsel San Giorgio Maggiore, die von Palladios gleichnamiger Kirche beherrscht wird.

Sport

Bergsport: Wandern, Klettern, Bergsteigen, Canyoning, Mountainbiken, Skifahren und Wasserfallklettern – Bergsport jeder Art kann in den Bergen des Bellunese ausgeübt werden.
Golf: Im Veneto gibt es 43 Golfplätze, die zu den besten Italiens gehören. Selbst auf dem Lido von Venedig kann man Golf spielen – auf dem Circolo Golf Venezia (18 Löcher, 6031 m, Meisterschaftskurs 6199 m, Par 72, www.circologolfvenezia.it). Viele nützliche Informationen online unter www.golfinveneto.com.
Wintersport: Cortina d'Ampezzo, 1956 Austragungsort der ersten Olympischen Winterspiele in Italien, ist einer der nobelsten Wintersportorte der Alpen und weltweit bekannt.

Sprache

Italienisch ist die staatliche Amtssprache, doch mit manchen Sprachen und Dialekten der Region wird man so seine Schwierigkeiten haben. Rund um Cortina spricht man Ladinisch und in den Sprachinseln der Zimbern einen altbayerischen Dialekt. In den Fremdenverkehrsorten verstehen viele Angestellte von Restaurants und Hotels Deutsch oder Englisch. Ein paar Floskeln Italienisch zu können, erleichtert vieles und wird meist freundlich wahrgenommen.

Info

Wetterdaten

	TAGES-TEMP. MAX.	TAGES-TEMP. MIN.	WASSER-TEMP.	TAGE MIT NIEDER-SCHLAG	SONNEN-STUNDEN PRO TAG
Januar	6 °	1 °	9 °	7	3
Februar	8 °	2 °	8 °	6	4
März	12 °	5 °	10 °	7	5
April	16 °	10 °	13 °	8	7
Mai	21 °	14 °	17 °	8	7
Juni	25 °	17 °	21 °	9	8
Juli	28 °	20 °	23 °	6	9
August	27 °	19 °	24 °	7	8
September	24 °	17 °	21 °	5	7
Oktober	18 °	12 °	18 °	6	6
November	12 °	7 °	14 °	8	3
Dezember	7 °	3 °	11 °	6	3

Telefon

Nach Italien: 0039 + Rufnummer. Achtung: Die Null in der Ortsvorwahl wird mitgewählt; wer also innerhalb Italiens telefonieren will, der muss die Vorwahl mitwählen, da sie ein fester Bestandteil der Telefonnummer ist.
Von Italien nach Deutschland: 0049 + Vorwahl ohne 0 + Rufnummer.
Nach Österreich: 0043 + Vorwahl ohne 0 + Rufnummer.
In die Schweiz: 0041 + Vorwahl ohne 0 + Rufnummer.
Mobiltelefone (ital. *cellulare* o. *telefonino*) der gängigen Netze funktionieren in Italien problemlos. Eine vor Ort erworbene **Prepaid-Karte** (z. B. der italienischen TIM kaufen) kann günstiger sein. Italienische Mobilfunk-Nummern beginnen oft mit 335… oder 338…, davor wird keine Null gewählt, weder aus dem Ausland noch innerhalb Italiens.
Sperr-Notruf für viele Bank- und Kreditkarten sowie elektronische Medien ist +49 11 61 16.

Toiletten

In Venedig gibt es viele saubere öffentliche Toiletten (Einheitspreis 1,50 €); im Veneto wird man auf Cafés und Bars ausweichen müssen, die dafür meist einen kleinen Tribut einfordern.

Die Welt zu Gast in Venedig: Beim Gang über die 1591 eingeweihte Rialtobrücke vernimmt man ein multinationales Sprachengewirr.

Register

Fette Ziffern verweisen auf Abbildungen

Impressum

5. Auflage 2018

Verlag: DuMont Reiseverlag, Postfach 3151, 73751 Ostfildern, Tel. 0711 45 02-0, Fax 0711 45 02-135, www.dumontreise.de
Geschäftsführer: Dr. Thomas Brinkmann, Dr. Stephanie Mair-Huydts
Programmleitung: Birgit Borowski
Redaktion: Robert Fischer, Achim Bourmer
Text: Hilke Maunder (auch Aktualisierung 2018), Barbara Schaefer
Exklusiv-Fotografie: Sabine Lubenow
Titelbild: laif/Pierre Adenis
Zusätzliches Bildmaterial: S. 4 o. und 50 Bilderberg/H.-J. Ellerbrock, S. 5 und 55 o. laif/Le Figaro Magazine/Eric Sander, S. 8/9 LOOK/Konrad Wothe, S. 12/13 LOOK/Andreas Strauss, S. 14/15 Bildagentur Huber/S. Raccanello, S. 20 l. Corbis/Westend61/JLPfeifer, S. 20 r. Getty Images/De Agostini Picture Library, S. 21 o. l. Getty Images/Marco Secchi, S. 21 o. r. laif/Georg Knoll, S. 21 u. l. Getty Images/Ursula Alter, S. 21 u. r. Getty Images/AWL Images, S. 33 o. Getty Images/altrendo Images, S. 33 u. Corbis/Tom Grill, S. 36 o. LOOK/Sabine Lubenow, S. 37 o. Corbis/William Whitehurst, S. 37 u. Corbis/Kurt Krieger, S. 48 Bilderberg/Angelika Jakob, S. 49 und 50 u. Bilderberg/H.-J. Ellerbrock, S. 51 Bildagentur Huber/Fischer, S. 54 o. l. laif/Naftali Hilger, S. 54 o. r. LOOK/Heinz Wohner, S. 55 u. laif/Hub, S. 65 l. Stockfood/Studio Adna, S. 67 Bildagentur Huber/Laurent Grandadam, S. 70 l. LOOK/age fotostock, S. 71 o. Getty Images/Purestock, S. 71 u. laif/ Martin/Le Figaro Magazine, S. 76 u. Getty Images/Laura Ronchi/Massimo Borchi, S. 81 o. und M. laif/Markus Kirchgessner, S. 81 u. Getty Images/Redferns/Morena Brengola, S. 83 o. r. DuMont Bildarchiv/Michael Riehle, S. 83 u. r. DuMont Bildarchiv/Axel M. Mosler, S. 85 mauritius images/CuboImages, S. 94 l. laif/Pierre Adenis, S. 94 M. VectorStock/Multirealism, S. 94 r. Odissea Fun City, S. 95 o. Il Muretto, S. 95 u. l. Q Bar, S. 95 u. r. Bildagentur Huber/Franco Cogoli, S. 97 r. laif/Hedda Eid, S. 99 o. picture-alliance/dpa, S. 99 u. Corbis/David Lees, S. 110 o. Shutterstock/hugolacasse, S. 110 u. Schapowalow/SIME/Ferruccio Carassale, S. 111 o. Getty Images/Aldo Pavan, S. 111 u. l. Getty Images/Look/Andreas Strauss, S. 111 u. r. mauritius images/Frank Fleischmann, S. 113 r. o. Schapowalow/SIME/Johanna Huber, S. 113 r. u. Bildagentur Huber/Sandra Raccane, S. 114 r. LOOK/Strauss, S. 115 Bildagentur Huber/Daniele Flore, S. 116 r. o. Schapowalow/SIME/Aldo Pavan, S. 116 r. u. Bildagentur Huber/Kav Dadfar, S. 118 r. Getty Images/Lonely Planet Images/Roberto Gerometta
Grafische Konzeption, Art Direktion, Layout: fpm factor product münchen
Cover Gestaltung: Neue Gestaltung, Berlin
Kartografie: © MAIRDUMONT GmbH & Co. KG, Ostfildern; Kartografie Lawall (Karten für „Unsere Favoriten")
DuMont Bildarchiv: Marco-Polo-Straße 1, 73760 Ostfildern, Tel. 0711 45 02-266, Fax 0711 450 2-1006, bildarchiv@mairdumont.com

 Erscheinungsweise: monatlich.

Anzeigenvermarktung: MAIRDUMONT MEDIA, Tel. 0711 45 02-0, Fax 0711 4502-10 12, media@mairdumont.com, http://media.mairdumont.com
Vertrieb Zeitschriftenhandel: PARTNER Medienservices GmbH, Postfach 810420, 70521 Stuttgart, Tel. 0711 72 52-212, Fax 0711 72 52-320
Vertrieb Abonnement: Leserservice DuMont Bildatlas, Zenit Pressevertrieb GmbH, Postfach 810640, 70523 Stuttgart, Tel. 0711 72 52 265, Fax 0711 72 52 333, dumontreise@zenit-presse.de
Vertrieb Buchhandel und Einzelhefte: MAIRDUMONT GmbH & Co. KG, Marco-Polo-Straße 1, 73760 Ostfildern, Tel. 0711 45 02-0, Fax 0711 45 02-340
Reproduktionen: PPP Pre Print Partner GmbH & Co. KG, Köln
Druck und buchbinderische Verarbeitung: NEEF + STUMME premium printing GmbH & Co. KG, Wittingen, Printed in Germany

Spektakuläre Landschaftseindrücke bieten sich in Norwegens Norden vielerorts.

Lissabon hat tolle Aussichtsplätze, an denen man den Tag herrlich verplaudern kann.

Lissabon

Die Schöne am Tejo
Lissabon – das sind mittelalterliche Gassen, romantische Plätze, aber auch hochmoderne strahlend weiße Architektur: die Highlights der portugiesischen Hauptstadt in vier grandios bebilderten Kapiteln.

Sehnsucht und Trauer
Dafür steht Fado. Der melancholische Gesang ist heute so präsent wie noch nie, wir stellen die besten Fadolokale vor.

Raus aus der Stadt
Die schönsten Ziele in der Umgebung: Cascais und Estoril, Sintra, Óbidos, Batalha, Alcobaça, Mafra und Tomar.

Norwegen Norden

Von Trondheim zum Nordkap
Trondheim ist das Tor zum hohen Norden. Dahinter beginnen Weite und Einsamkeit. Für die Fahrt zum Nordkap sollte man sich Zeit lassen, der Weg ist das Ziel!

Wale ganz nah
Interview mit Geir Maan, Kapitän eines Bootes für Walsafaris, die nach Einschätzung von Biologen, die riesigen Säuger nicht stören.

Mit dem Postschiff unterwegs
5000 km, 34 Häfen und mehr als 100 Fjorde, das sind die Hurtigruten. Welche Schiffe heute auf der Route verkehren, päsentieren wir Ihnen im DuMont Thema.

www.dumontreise.de

Lieferbare Ausgaben

DEUTSCHLAND
119 Allgäu
092 Altmühltal
105 Bayerischer Wald
180 Berlin
162 Bodensee
175 Chiemgau, Berchtesgadener Land
013 Dresden, Sächsische Schweiz
152 Eifel, Aachen
157 Elbe und Weser, Bremen
168 Franken
020 Frankfurt, Rhein-Main
112 Freiburg, Basel, Colmar
028 Hamburg
026 Hannover zwischen Harz und Heide
042 Harz
023 Leipzig, Halle, Magdeburg
131 Lüneburger Heide, Wendland
188 Mecklenburgische Seen
038 Mecklenburg-Vorpommern
033 Mosel
190 München
047 Münsterland
015 Nordseeküste Schleswig-Holstein
006 Oberbayern
161 Odenwald, Heidelberg
035 Osnabrücker Land, Emsland
002 Ostfriesland, Oldenburger Land
164 Ostseeküste Mecklenburg-Vorpommern
154 Ostseeküste Schleswig-Holstein
136 Pfalz
040 Rhein zw. Köln und Mainz
185 Rhön
186 Rügen, Usedom, Hiddensee
137 Ruhrgebiet
149 Saarland
182 Sachsen
081 Sachsen-Anhalt
117 Sauerland, Siegerland
159 Schwarzwald Norden
045 Schwarzwald Süden
018 Spreewald, Lausitz
008 Stuttgart, Schwäbische Alb
141 Sylt, Amrum, Föhr
142 Teutoburger Wald
170 Thüringen
037 Weserbergland
173 Wiesbaden, Rheingau

BENELUX
156 Amsterdam
011 Flandern, Brüssel
179 Niederlande

FRANKREICH
177 Bretagne
021 Côte d'Azur
032 Elsass
009 Frankreich Süden Okzitanien
019 Korsika
071 Normandie
001 Paris
198 Provence

GROSSBRITANNIEN/IRLAND
187 Irland
130 London
189 Schottland
030 Südengland

ITALIEN/MALTA/KROATIEN
181 Apulien, Kalabrien
017 Gardasee, Trentino
110 Golf von Neapel, Kampanien
163 Istrien, Kvarner Bucht
128 Italien, Norden
005 Kroatische Adriaküste
167 Malta
155 Oberitalienische Seen
158 Piemont, Turin
014 Rom
165 Sardinien
003 Sizilien
140 Südtirol
039 Toskana
091 Venedig, Venetien

GRIECHENLAND/ZYPERN/TÜRKEI
034 Istanbul
016 Kreta
176 Türkische Südküste, Antalya
148 Zypern

MITTEL- UND OSTEUROPA
104 Baltikum
094 Danzig, Ostsee, Masuren
169 Krakau, Breslau, Polen Süden
044 Prag
193 St. Petersburg

ÖSTERREICH/SCHWEIZ
192 Kärnten
004 Salzburger Land
196 Schweiz
144 Tirol
197 Wien

SPANIEN/PORTUGAL
043 Algarve
093 Andalusien
150 Barcelona
025 Gran Canaria, Fuerteventura, Lanzarote
172 Kanarische Inseln
199 Lissabon
124 Madeira
174 Mallorca
007 Spanien Norden, Jakobsweg
118 Teneriffa, La Palma, La Gomera , El Hierro

SKANDINAVIEN/NORDEUROPA
166 Dänemark
153 Hurtigruten
029 Island
200 Norwegen Norden
178 Norwegen Süden
151 Schweden Süden, Stockholm

LÄNDERÜBERGREIFENDE BÄNDE
123 Donau – Von der Quelle bis zur Mündung
112 Freiburg, Basel, Colmar

AUSSEREUROPÄISCHE ZIELE
183 Australien Osten, Sydney
109 Australien Süden, Westen
195 Costa Rica
024 Dubai, Abu Dhabi, VAE
160 Florida
036 Indien
027 Israel, Palästina
111 Kalifornien
031 Kanada Osten
191 Kanada Westen
171 Kuba
022 Namibia
194 Neuseeland
041 New York
184 Sri Lanka
048 Südafrika
012 Thailand
046 Vietnam